재무위험  2025
관리사

2

자격시험 안내

1. 재무위험관리사의 정의
위험관리 조직에서 재무위험 등을 일정한 방법에 의해 측정, 평가 및 통제하여 해당 회사의 재무위험 등을 조직적이고 체계적으로 통합하여 관리하는 업무를 수행하는 인력

2. 응시자격
금융회사 종사자, 학생, 일반인 등

3. 시험과목 및 문항수

시험과목		세부 교과목	문항수
제1과목	리스크관리기초	금융통계학	9
		채권분석	6
		규제 및 컴플라이언스	15
소 계			30
제2과목*	금융선물 및 옵션	주가지수, 개별주식 선물 · 옵션	7
		금리 선물 · 옵션	7
		통화 선물 · 옵션	6
소 계			20
제3과목	장외파생상품	스 왑	8
		장외옵션	7
소 계			15
제4과목	리스크관리기법	시장리스크관리	15
		신용리스크관리	12
		기타리스크관리	5
		리스크관리 사례분석	3
소 계			35
시험시간		120분	100 문항

* 파생상품투자권유자문인력(선물거래상담사, 파생상품투자상담사)의 자격요건을 갖춘 자는 제2과목(금융선물 및 옵션) 면제
* 제2과목(금융선물 및 옵션)은 파생상품투자권유자문인력 표준교재 제1권(선물 · 옵션) 사용

4. 시험 합격기준

70% 이상(과목별 40점 미만 과락)

■ 한국금융투자협회는 금융투자전문인력의 자격시험을 관리 · 운영하고 있습니다.
금융투자전문인력 자격은 「자본시장과 금융투자업에 관한 법률」 등에 근거하고 있으며,
「자격기본법」에 따른 민간자격입니다.

■ 자격시험 안내, 자격시험접수, 응시료 및 환불 규정 등에 관한 자세한 사항은
한국금융투자협회 자격시험접수센터 홈페이지(https://license.kofia.or.kr)를 참조해
주시기 바랍니다.
(자격시험 관련 고객만족센터: 02-1644-9427, 한국금융투자협회: 02-2003-9000)

contents

p a r t 01

스왑

certified financial risk manager

chapter 01

스왑거래의 생성과 발전

스왑거래의 개요

스왑(swap)이란 용어는 교환한다(exchange)는 의미를 가지고 있어 스왑거래는 두 당사자가 각기 지니고 있는 미래의 서로 다른 자금흐름(cash flow)을 일정기간 동안 서로 교환하기로 계약하는 거래이다. 이때 두 개의 서로 다른 현금흐름은 계약자들이 얼마든지 자유롭게 정할 수 있는 여지가 있으므로 스왑의 거래자들은 자신이 당면한 위험구조에 따라 자유롭게 새로운 현금흐름 구조를 창출해 낼 수 있다. 즉, 각자가 가지고 있는 이자금액이나 원금에 대한 현금흐름을 자신이 원하는 구조로 전환함으로써 위험관리 등 여러 목적으로의 활용을 가능하게 해 준다.

스왑은 이처럼 융통성 있게 거래가 이루어질 수 있는 기법으로 최근에 와서는 파생금융상품(financial derivatives)이라는 금융공학(financial engineering)의 한 분야로서 그 규모는 날로 성장하고 있다. 국제금융시장에 파생금융상품이란 용어가 생긴 것이 1980년대 초반이며 스왑거래의 역사도 그리 길지 않다. 물론 스왑거래의 원형이라 할 수 있는 상호 융자(parallel loan) 혹은 상호 직접융자(back-to-back loan)는 오래전부터 이용되던 기법이지만 본격적인 스왑거래는 바로 1980년대부터 시작되었다고 볼 수 있다.

스왑거래의 생성과정

오늘날 스왑거래란 국제금융시장의 대표적인 거래형태 중의 하나로서 외환시장과 자본시장을 연결하는 주요한 수단이 되고 있다. 스왑거래는 1970년대에 생겨나 발전하였던 parallel loan이나 back-to-back loan에서 그 기원을 찾아볼 수 있는데, 당시 대부분의 국가에서는 정부의 엄격한 외환통제로 기업의 국제금융활동이나 투자가들의 해외투자 활동이 매우 제한되던 시기였다.

우선 parallel loan에 대해 살펴보기 위해 미국과 영국에 각각 본부를 둔 다국적 기업 A와 B를 생각해 보자. 미국기업 A는 영국에 자회사를 두고 있고, 영국기업 B는 미국에 자회사를 두고 있다. 두 기업의 자회사들은 각기 외부에서 자금을 조달해야 하는데 만일 본사에서 직접 자금차입을 원하고 있으나 양국에서 외국기업에 대한 외환통제가 있는 경우, 모회사가 상대국 소재의 자회사에게 직접 자금을 대출해 주는 것이 매우 어렵고 비용도 많이 들게 된다. 이 경우 〈그림 1-1〉에서 보듯이 A와 B는 각자 자국 내에서 영업 중인 상대기업의 자회사에 대출해 준다. 즉, A는 B의 자회사에 대출하고 B는 A의 자회사에 대출해 준다. 이는 곧 각자의 자회사에 대한 대출을 교환한 셈이다.

또한 대출시장(loan market)에서 다국적 기업(multinationals)이 정치적 위험도가 높은 개발도상국에의 대출위험 관리를 위하여 국제적 은행들과 행한 back-to-back loan 계약도 스왑거래의 기원이 되었다. 예를 들어 다국적 기업인 GM사가 한국자회사에게 자금을 공급할 때, 바로 대출을 하는 것이 아니라 신용위험관리 능력이 있고 외환통제를 덜 받는 시티은행에 달러예금

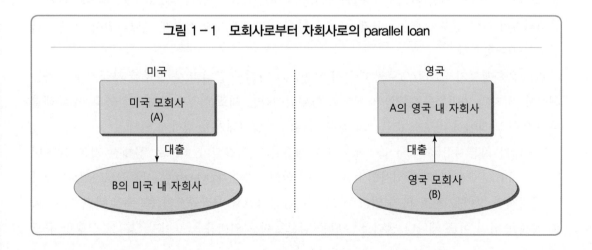

그림 1-1   모회사로부터 자회사로의 parallel loan

미국

미국 모회사
(A)

↓ 대출

B의 미국 내 자회사

영국

A의 영국 내 자회사

↑ 대출

영국 모회사
(B)

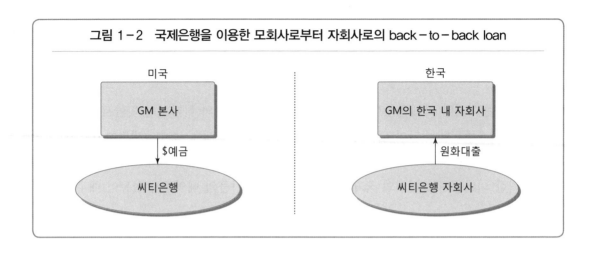

그림 1-2 국제은행을 이용한 모회사로부터 자회사로의 back-to-back loan

을 한 후 시티은행의 한국지사가 GM의 한국지사에 원화를 대출하도록 하는 것이다. 시티은행은 달러예금과 원화대출을 교환하는 셈이다.

parallel loan과 back-to-back loan의 차이점은 채무불이행의 경우에 명백히 나타나는데 back-to-back loan의 경우는 상대방이 채무를 불이행한 경우 자기의 채무액과 상계할 권한을 가지나, parallel loan에서는 상계가 인정되지 않고 대출계약 간 쌍방담보도 인정되지 않는다. 즉, 상대방의 채무불이행을 이유로 자신의 대출금상환을 거절할 수 없는 것이다.

parallel loan이나 back-to-back loan의 가장 큰 장점은 이들 거래가 국제적인 자본 이동을 수반하지 않기 때문에 각국 정부에 의한 외환통제를 효과적으로 회피할 수 있다는 점이었다. 물론 이 같은 거래가 성립하기 위해서는 비슷한 조건의 자금을 공여하기 원하고 필요로 하는 다국적 기업과 자회사가 존재해야 하며, 양 당사자가 이들 거래에 수반되는 신용위험을 부담할 의사가 있어야 했다. 이러한 형태의 loan은 1970년대 초 브레튼우즈(Bretton Woods) 체제가 붕괴되면서 각국 정부의 변동환율제 시행과 함께 외환통제가 현저하게 완화되면서 그 수요가 현격히 줄어들었다.

한편 외환통제가 없어짐으로써 다국적 기업들과 자회사 간의 더욱 활발한 자금거래가 가능해졌다. 하지만 변동환율제도의 시행으로 환위험이라는 새로운 부담이 발생하였고 이를 해결하기 위한 과정에서 비로소 오늘날과 같은 형태의 스왑거래가 탄생하게 된다.
스왑거래가 자본시장(capital market)에서의 기채수단과 연결되어 최초로 행해진 것은 1979년 Royal Bank of Canada의 자회사인 Roylease에 의해서였다. Roylease는 시장규모가 작은 캐나다 달러채권 발행을 직접 하지 않고 비교적 저금리이면서 시장규모가 큰 독일 마르크(DM)화로 기채를 하여 이를 캐나다 달러로 스왑을 함으로써 차입비용을 높이지 않고도 상당한 규모

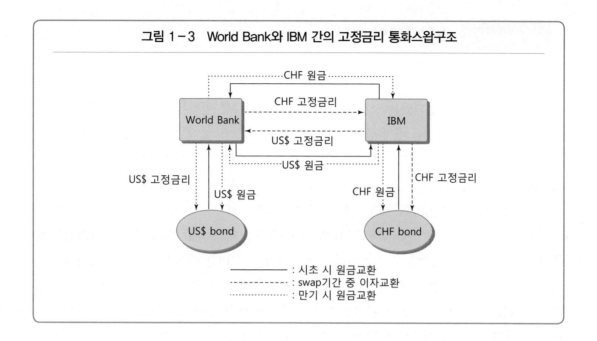

그림 1-3 World Bank와 IBM 간의 고정금리 통화스왑구조

```
                      ┌ ─ ─ ─ ─  CHF 원금  ─ ─ ─ ─ ┐
                      │                            │
              ┌───────────────┐              ┌───────────────┐
              │               │ ← ─ CHF 고정금리 ─ ─ │               │
              │  World Bank   │              │      IBM      │
              │               │ ─ ─ US$ 고정금리 ─ → │               │
              └───────────────┘              └───────────────┘
                      └ ─ ─ ─ ─  US$ 원금  ─ ─ ─ ─ ┘

   US$ 고정금리    US$ 원금              CHF 원금    CHF 고정금리

         ┌───────────────┐              ┌───────────────┐
         │   US$ bond    │              │   CHF bond    │
         └───────────────┘              └───────────────┘
```

──────────── : 시초 시 원금교환
------------ : swap기간 중 이자교환
············ : 만기 시 원금교환

의 자금조달을 할 수 있었다.

국제금융시장에서 스왑기법이 정형화되고 공신력을 얻을 수 있게 된 계기는 국제적 금융기관인 World Bank와 IBM 사이에 체결된 미달러와 독일 마르크 및 스위스 프랑 채무 간의 고정금리 스왑계약이었다. 사실상 이전까지만 해도 스왑거래 내용이나 가격결정 방법 등이 시장에서 공식적으로 알려지지 않아 거래의 정형화가 이루어지지 않았다.

그러나 1981년 국제적 투자은행인 Salomon Brothers가 중계한 이 거래는 국제적 금융기구인 세계은행과 세계적 기업인 IBM 간에 대규모로 여러 차례에 걸쳐 스왑거래가 행하여짐으로써 스왑거래가 국제자본시장(international capital market)과 통화시장(currency market)을 동시에 이용하는 수단으로 인정을 받게 되었다.

이 거래 이전에 World Bank는 주로 유럽지역에서 차입한 자금을 재원으로 개발도상국에 차관을 제공하는 역할을 하였고, IBM은 미국 내 시장에서 미달러화로 자금을 차입하여 미국 내 영업에 활용하는 상황이었다. 양자가 모두 AAA의 최고 신용등급을 가지고 있었으나 그동안 계속 같은 시장에서 같은 통화를 차입하였기 때문에 차입금액이 증가하면서 차입비용이 증가하였다.

이를 극복하기 위한 방법으로 그동안 이용하지 않던 시장(세계은행은 미국 내 조달시장, IBM은 유럽시장)을 이용하여 자금을 차입한 후, 상대방과 상호 원금을 교환(swap)하여 사용함으로써 비교적 저렴한 차입금리로 원하는 통화의 자금을 차입하는 효과를 거둔 것이다.

스왑시장의 변천

　스왑시장이 처음 형성되었을 당시에는 은행이 스왑거래를 원하는 양 거래당사자를 연결시켜 주는 중간자(intermediary) 내지 중개인(broker)으로서 역할을 할 뿐이었다. 수많은 고객을 가지며 그들의 자금수요를 알고 있는 은행의 역할은 목적은 유사하지만 정반대의 조건을 가지고 있는 양 거래당사자를 연결시켜 주는 것이었다. 거래 성사 시 그 대가로 은행은 거래수수료(fee)를 받았을 뿐 그 이상의 어떤 역할도 하지 않았다.

　하지만 거래수요와 규모가 점차 증가하면서 은행은 고객이 원할 때 고객의 거래조건을 충족시켜 줄 수 있는 상대방을 즉각 발견하기 어려워졌고, 그러한 상대방이 나타날 때까지 일시적으로 거래의 직접적인 당사자가 될 수밖에 없는 상황이 많아졌다. 이 경우 스왑거래에서 발생하는 위험(특히 가격 변동 위험)을 관리할 필요가 생겼고 이를 위한 여러 가지 헤징수단이 고안되었다. 이와 같은 은행들의 적극적인 역할 증대로 스왑시장은 단순한 중개시장에서 딜러시장으로 변모하게 되었다.

　스왑시장에서 중개인을 넘어서 딜러로서의 역할을 하기 시작하면서 스왑시장의 거래규모는 비약적으로 증가하기 시작하였고, 딜러시장이 활성화됨에 따라 이른바 스왑창고(swap warehouse)라는 개념이 나타나게 되었다. 이는 고객이 원하는 조건의 거래상대방을 찾기 어려운 경우 은행이 고객에 대한 신용위험(credit risk)과 시장 가격 변동 위험(market risk)을 감당하면서 거래에 응하게 되어 동 스왑거래를 자신이 보유하고 있는 스왑창고에 집어 넣고 관리하게 되는 것이다. 스왑창고를 스왑북(swap book)이라고도 하는데 스왑딜러는 자신이 거래한 모든

표 1－1　초기 스왑시장과 현재 스왑시장의 비교

비교점	스왑시장 생성 초기	현재의 스왑시장
비교우위 존재의 당위성	스왑거래를 원하는 양 당사자의 비교 우위의 차이가 있어야 함	스왑거래 상대방의 비교우위차이가 스왑거래의 전제조건이 아님
차입거래 수반 여부	스왑거래 당사자들의 차입(채권 발행 등) 거래가 필요함	스왑거래 당사자의 차입거래 수반 불필요
신용도 차이	스왑거래 당사자 간에 신용도 차이가 있어야 스왑거래 가능	스왑거래 당사자 간의 신용도 차이가 필수적은 아님
기본 구조	중개기관에 의해 스왑 당사자가 연결되는 기본구조(matched swap)	중개기관에 의해 스왑 당사자가 매치될 필요 없음(swap warehouse)

스왑거래를 여기에 집중시키게 되고, 스왑북 내의 모든 거래의 결과 자신이 처하게 된 순수위험(net risk)만을 종합적으로 관리하게 된 것이다.

〈표 1-1〉은 스왑시장 생성 초기와 오늘날의 스왑시장 상황을 비교하여 보여 주는데, 스왑시장 생성 초기의 여러 가지 제약이 요즘은 완전히 해소되었다는 것을 알 수 있다.

section 04 스왑거래의 생성 이유

스왑거래가 생성되게 된 이유는 지역(시장) 간에 차입비용 또는 투자수익 차이가 존재하면서 특정 기업 또는 금융기관이 차입조건상의 비교우위(comparative advantage)에 놓이기 때문이었다.

예를 들어 유럽기업인 A기업은 미국 자본시장보다 유럽 자본시장에서 신용도가 높게 평가되기 때문에 유럽시장에서 유럽 통화로 기채하여야 하나 달러자금이 필요한 경우, 상반된 입장에 있는 상대방을 찾아서 유럽시장에서 기채된 채무를 스왑하는 길을 모색할 수 있다. 만약 미국은행인 B은행이 미국 자본시장에서 비교적 유리한 조건으로 달러화를 차입할 수 있다면 B은행은 A기업을 위해 미국시장에서 달러화를 기채하고서 달러 원리금 상환채무를 A와 교환할 수 있다. A기업은 미국에 신규로 공장건설을 위해 달러자금이 필요한데, 지명도가 낮은 미국에서 기채를 강행하는 것보다 비교우위가 있는 유럽시장에서 차입을 하고서 원리금을 달러로 지급하는 스왑거래를 B은행과 체결함으로써 결국 차입비용을 절감할 수 있게 된다. 또한 A기업은 미국 공장건설이 완료되어 현지 달러화 판매수익으로 원리금 지급에 충당함으로써 환율 변동 위험을 커버할 수 있다.

금융시장에서 동일한 차입자에 대해 지역·시장 간에 차입비용이 달라지는 현상을 시장 비효율성(market inefficiency)이라 하는데, 바로 이 시장 비효율성으로 말미암아 비교우위를 창출하게 되고 스왑거래가 가능하게 된다. 국제금융시장에서 시장 비효율성이 존재하는 이유는 대개 다음과 같다.

첫째, 기업 자금흐름의 특성은 일반화시킬 수 없는 매우 개별적인 것이다. 앞의 예에서 A기업의 미국 내 투자수익의 흐름은 생산·판매계획·경영정책·제품 시장 상황 등 기업 개별적 요인에 의해 좌우되기 때문에 동일한 척도에 의거해서 위험형태(Risk profile)를 객관적으로 측정할 수 없다. 따라서 A기업이 발행하는 채무의 가치는 전 시장에 걸쳐서 표준화시키기 어려운 주관적인 것이 될 수밖에 없다.

둘째, 외환·조세·금융상의 규제가 지역·시장 간 서로 다르기 때문에 동일한 현금흐름의 가치가 투자자 입장에서 다를 수밖에 없다. 만일 국가별 회계처리 기준이 다른 경우 투자자산의 가치는 더욱 달라지게 된다.

chapter 02

스왑거래의 기초개념

스왑거래의 기본적 형태

스왑거래는 기본적으로 두 가지의 유형으로 구분된다. 거래금액에 있어 가장 큰 비중을 차지하는 금리스왑(interest rate swap)이 그 첫 번째 형태인데, 이는 두 거래당사자가 자신이 가지고 있는 자산이나 부채의 금리조건을 상호 교환하기로 하는 계약이다. 〈그림 2-1〉에서 볼 수 있듯이 지금 변동금리 부채를 가지고 있는 A기업은 B기업과의 금리스왑을 통해 B기업의 고정금리 부채와 교환하였고, 현재 고정금리부채를 가지고 있는 B기업은 금리스왑을 통해 A기

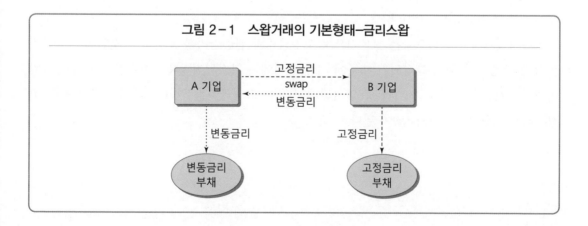

그림 2-1   스왑거래의 기본형태-금리스왑

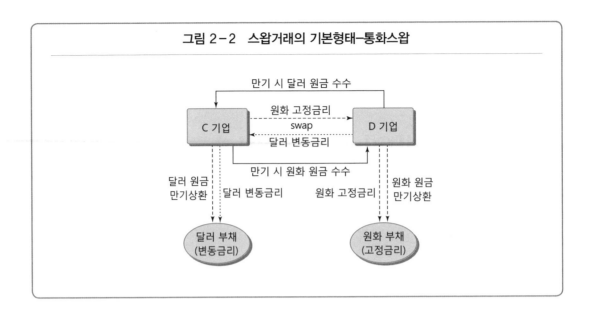

그림 2-2 스왑거래의 기본형태-통화스왑

만기 시 달러 원금 수수

원화 고정금리
swap
달러 변동금리

C 기업 ⟷ D 기업

만기 시 원화 원금 수수

달러 원금
만기상환 / 달러 변동금리 ⟶ 달러 부채 (변동금리)

원화 고정금리 / 원화 원금 만기상환 ⟶ 원화 부채 (고정금리)

업이 가지고 있는 변동금리부채와 교환한 것이다. 다시 말해 A기업은 기존 부채의 금리조건을 변동금리에서 고정금리로, B기업은 기존 부채의 금리조건을 고정금리에서 변동금리로 바꾼 효과를 달성한 것이다.

스왑거래의 두 번째 기본 형태는 통화스왑(cross currency swap)으로 이는 두 거래당사자가 가지고 있는 자산이나 부채를 다른 통화의 자산이나 부채로 전환하면서 금리조건까지도 상호교환할 수 있는 계약이다. 〈그림 2-2〉에서 볼 수 있듯이 현재 변동금리 미달러화 부채를 가지고 있는 C기업은 D기업과의 통화스왑을 통해 원화 고정금리부채로 전환하였고, D기업은 통화스왑거래를 통해 현재 자신이 보유하고 있는 원화 고정금리부채를 미달러화 변동금리 부채로 전환시킨 결과가 되었다. 즉 C기업의 미달러화 변동금리부채와 D기업의 원화 고정금리부채가 상호 교환(swap)된 것이다.

스왑거래에서의 금리교환은 기본적으로 고정금리와 변동금리를 교환하는 것인데 변동금리는 추후 스왑기간 중에 확정되기 때문에 거래 당시에는 확정되지 않은 상태이다. 따라서 스왑거래에서 중요한 것은 스왑기간 중 일관되게 적용할 고정금리를 얼마로 할 것인가이며 이 고정금리가 스왑 가격(swap price)이 된다.

1   고정금리

통상 스왑거래의 가격은 변동금리와 교환되는 고정금리 수준을 말한다. 스왑거래는 만기가 1년 이상으로 최장 20년 정도까지도 거래되는 장기간 거래이므로 스왑거래에 적용할 고정금리는 통상 스왑기간과 만기가 동일한 채권의 유통수익률을 기준으로 적정 가산금리(spread)를 더하여 결정된다.

단기 자금시장(money market)에서 장기금리를 구하기는 어려우므로 채권시장에서 장기금리를 구하게 되는데 스왑금리의 결정에 활용되는 채권은 국채(Government bond)를 사용한다. 각국마다 국채는 가장 신용위험이 없는(zero risk) 장기 금융상품이며, 매우 유동성이 풍부하고(highly liquid), 고객이 원할 때 언제라도 매매가 가능한(freely negotiable) 투자수단이기 때문에 스왑딜러들은 스왑거래로 인한 리스크 관리에 국채를 많이 활용하게 된다.

미달러화의 경우 미국 재무부증권(Treasury Bond)을 스왑금리 결정에 사용하며, 영국 파운드화는 영국의 국채인 Gilts, 독일의 경우 독일 국채 Bunds, 일본 엔화의 경우 일본 국채인 JGB, 그리고 우리나라의 경우 국고채 등이 스왑금리 결정에 사용된다.

미달러화의 경우 스왑 가격인 고정금리를 스왑거래와 만기가 동일한 국채수익률에 더해지는 가산금리(T/Bond 수익률＋spread) 방식으로 고시하거나 최종 금리(all－in 가격)방식으로 고시하나, 만기 1~2년의 단기 스왑거래의 가격은 금리선물거래인 유로달러(Eurodollar) 선물거래의 스트립(strip)을 이용하여 고시하기도 한다. 만기 3개월 유로달러 선물 가격은 100에서 유로달러 금리를 차감한 지수(IMM index)로 거래된다.

예를 들어 12월 결제월의 유로달러 선물 가격이 98.58이면 유로달러 금리는 1.42%(100－98.58)를 나타낸다. 유로달러 선물계약의 결제월은 매년 3, 6, 9, 12월을 기준으로 하고 있다.

예를 들면 어느 해 12월~다음 해(익년) 12월 사이의 1년만기 단기 금리스왑이면 시작하는 해 12월 제3수요일부터 다음 해 12월 제3수요일까지의 1년간 스왑이 된다. 유로달러 선물 가격은 결제일로부터 90일간 적용되는 금리이므로 연달아 4개를 매입하거나 매도함(이를 유로달러 스트립 거래라고 함)으로써 결제일로부터 1년간 적용되는 스왑 레이트의 이론가를 구할 수 있다.

〈표 2-1〉의 유로달러 선물 가격에서 보면 시작하는 해 12월 셋째주 수요일부터 1년간 적용

되는 이론가(Dec 2××1/Sep 2××1+1(익년) 스트립 레이트)는

$$\left[\left(1+\frac{1.42\%}{4}\right)\times\left(1+\frac{1.49\%}{4}\right)\times\left(1+\frac{1.73\%}{4}\right)\times\left(1+\frac{2.09\%}{4}\right)\right]-1$$
$$=1.693\%$$

가 된다.

유로달러 스트립 금리선물거래의 가격에서 이론적으로 계산된 1년 만기 고정금리 '1.693%'는 실제 1년 만기 금리스왑거래의 가격으로 활용된다.

표 2-1 Eurodollar 선물 가격과 실효금리

결제월	가격(지수)	실효금리
Dec 2××1	98.58	$100-98.58=1.42$
Mar 익년	98.51	$100-98.51=1.49$
Jun 익년	98.27	$100-98.27=1.73$
Sep 익년	97.91	$100-97.91=2.09$
Dec 익년	97.49	$100-97.49=2.51$

2 변동금리

금리스왑거래에서 고정금리와 변동금리를 교환할 때 변동금리쪽의 기준금리로는 LIBOR(London Inter-Bank Offered Rate)가 일반적으로 사용된다. LIBOR는 런던 금융시장 내 단기 자금시장에서 고시되는 주요 은행의 오퍼(offer)금리일 뿐 단일 레이트가 아니어서 은행에 따라서 달리 고시될 수 있다. 그러므로 금리스왑에 이용되는 LIBOR는 금리 제공 자격을 부여받은 패널은행들(panel banks)이 5개 통화(USD, EUR, GBP, JPY, CHF)의 기간별 금리를 결정하여 대륙간거래소(ICE : Intercontinent Exchange)에 통보하면 대륙간거래소는 일정방식에 따라 산정한 평균금리를 매 영업일 약 오전 11시 경에 고시하게 되는데 이 금리(이를 'ICE Libor'라 함)를 사용한다.[1]

금리스왑의 변동금리로는 미달러화를 비롯한 주요 통화들의 경우 일반적으로 만기 6개월의 LIBOR가 사용되나 때때로 3개월 만기 LIBOR가 사용되기도 한다. 스왑거래에 사용되는 변동금리는 거래 당사자들의 합의에 따라 LIBOR가 아닌 기타 변동금리(예를 들어 CP나 prime rate

---

1 LIBOR는 당초 영국은행연합회(BBA : British Bankers Association)에서 발표('BBA LIBOR'라 함)하였으나 일부 회원 은행들의 가격조작으로 인해 발생했던 LIBOR Scandal 이후 2014년부터 관련 업무를 대륙간거래소로 이관하여 발표하고 있음

등)가 이용되기도 하며, 우리나라 원화의 경우는 3개월 만기의 양도성 정기예금(CD) 유통수익률을 변동금리의 기준금리로 사용한다.

3 금리계산 기준

스왑거래에서 고정금리의 기준으로 채권금리를 사용하는 것은 위에서 설명하였는데 채권거래에서는 일반적인 단기 자금거래(money market)의 금리계산 기준과는 다른 기준을 사용하므로 그 내용을 이해하는 것이 중요하다. 따라서 스왑금리를 고시할 때 어떤 금리 기준으로 고시되었는가를 인식해야 하는 것이 스왑거래 시 매우 중요하며, 여기에는 연간 쿠폰(coupon)지급횟수와 이자계산 시 일수 계산방식에 따라 다음과 같은 금리계산 기준들이 있다.

❶ annual bond(coupon) basis : 고정금리 유로본드(Eurobond)에 적용되는 이자계산방식으로 1년을 360일로 계산(매달 30일×12개월)하며, coupon 지급일의 휴일 여부와 관계없이 매년 일정한 금액의 쿠폰을 1회 지급하는 기준을 말한다. 예를 들어 coupon이 8%인 Eurobond US\$ 1억 달러의 경우 매년 8백만 달러의 이자가 지급되며 이자 지급일(coupon date)이 휴일이면 일수 경과에 관계없이 다음 영업일에 동일 금액(8백만 달러)이 지급된다.

❷ annual bond(30/360) basis(adjusted bond basis) : annual bond(coupon) basis와 유사한 이자계산방식이나 이자일수 계산 시 휴일처리방식이 다르다. coupon date가 휴일과 겹칠 경우 다음 영업일에 지연일수만큼 이자계산을 하여 지급한다. 예를 들어 이자지급일이 매년 9월 21일인 경우 2013년 9월 21일(토요일)에 지급될 지급이자는 다음 영업일인 9월 23일에 '362/360×coupon rate×원금'을 기준으로 지급되고, 대신 다음 해에는 358일분 이자가 지급된다. 이러한 채권이자 계산방식을 'bond basis'라고 부르고 '30/360'이라고 표시한다.

❸ annual money market basis : 통상 LIBOR나 SIBOR 등의 명칭으로 금리가 고시되는 단기자금시장(money market)에서는 이자금액 계산 시 '원금×금리×경과기간(actual number of days)÷360(주요 외화의 경우 360일, 원화는 365일로 나눔)'의 식을 사용한다. 이러한 이자금액 계산방식을 'money market basis'라 부르며, 통상 'actual/360(또는 actual/365)'으로 표시된다. 예를 들어 US\$ 1억 달러의 원금에 대해 6%의 annual money market 금리가 적용된다면 연간이자(annual coupon) 금액은 US\$ 6,083,333.33이 된다.

❹ semi-annual bond basis : annual bond(coupon) basis나 annual bond(30/360) basis와 동일한 기준의 이자계산방식이나 쿠폰지급이 연 2회인 기준이다. 예를 들어 원금 US$ 1억 달러에 대해 6%의 semi-annual bond 기준금리가 적용된다면 매 6개월마다 US$ 3백만 달러의 쿠폰이 지급된다. semi-bond(coupon) 기준과 semi-bond(30/360) 기준의 차이는 위에서 설명한 바와 같이 이자지급일의 휴일처리 문제가 다른 점이다.

❺ semi-annual money market basis : 실제 경과일 수대로 이자금액을 계산하는 'money market(actual/360)' 기준으로 연 2회 쿠폰지급을 하게 된다.

❻ Actual/365 : 영국 파운드화나 홍콩 달러, 우리나라 원화 등의 이자계산 시 사용되며 1년을 365일로 하여 이자금액을 계산한다. 즉, 365일 기준으로 실제 경과일 수만큼 이자금액을 계산하며, 윤년인 경우에는 366일 기준으로 실제 경과일 수만큼 이자금액을 계산한다(actual/366).

❼ Actual/365 fixed : 'actual/365' 기준과 동일하나 윤년인 경우도 365일을 적용하여 이자금액을 계산한다. 즉, 윤년인 경우 1년치 이자금액 계산 시 일수계산은 '366/365'를 적용하여 계산된다.

위에서 설명한 금리계산 기준은 스왑거래 시 가격을 비교하기 위해 매우 긴요하게 사용된다. 예를 들어 변동금리 기준의 미달러화 부채를 가지고 있는 A기업이 금리스왑을 활용하여 고정금리조건의 부채로 전환하고자 두 개의 거래은행에 금리스왑 가격을 요구하였을 때, B은행은 8.942%를 annual bond 기준으로 고시하였고, C은행은 8.632%의 가격을 semi-annual money market 기준으로 제시하였다. 고정금리를 지급해야 하는 입장인 A기업에게는 절대금리가 낮은 C은행의 가격이 유리해 보이지만 두 은행의 스왑 가격을 미달러화 재무부증권 금리 기준(semi-annual bond)의 동일기준으로 바꾸어 보면 오히려 B은행의 가격이 다소 유리해진다. 이런 경우 〈표 2-2〉에 나열된 금리 기준 전환공식을 이용한다면 손쉽게 금리비교가 가능해진다.

즉, B은행 가격을 semi-annual bond 기준으로 전환하면,

$$(\sqrt{(1 + 0.08942)} - 1) \times 2 = 8.7505\%$$

가 되나, C은행의 가격을 동일한 semi-annual bond기준으로 바꾸어 보면 8.632%×365/360 =8.75188%가 되어 C은행의 고시 가격이 오히려 높다는 것을 알 수 있다.

〈표 2-3〉은 표면금리(coupon rate)가 6%로 동일하나 금리 기준이 서로 다른 네 가지 유형으로 원금 US$ 1만 달러를 5년간 투자했을 때의 5년간 쿠폰 및 원금의 현금흐름을 보여 주고 있다. 표면금리는 6%로 동일하더라도 연간 쿠폰지급 횟수와 일수계산방식이 상이하므로 실효수익률

표 2-2 금리 기준 전환 공식

annual(y) to semi-annual	$(\sqrt{(1+y)}-1)\times 2$
annual(y) to quarterly	$(\sqrt[4]{(1+y)}-1)\times 4$
semi-annual(y) to annual	$\left(\dfrac{y}{2}+1\right)^2-1$
quarterly(y) to annual	$\left(\dfrac{y}{4}+1\right)^4-1$
quarterly(y) to semi-annual	$\left\{\left(\dfrac{y}{4}+1\right)^2-1\right\}\times 2$
bond basis(y) to money basis	$y\times\dfrac{360}{365}$
money basis(y) to bond basis	$y\times\dfrac{365}{360}$

표 2-3 금리계산 기준의 효과 비교

금리 기준	annual bond	semi-annual bond	annual money market	semi-annual money market
coupon rate	6.00%	6.00%	6.00%	6.00%
투자기간	5년	5년	5년	5년
2×10.3.1	(10,000.00)	(10,000.00)	(10,000.00)	(10,000.00)
2×10.9.1	0.00	300.00	0.00	304.17
2×11.3.1	600.00	300.00	608.33	304.17
2×11.9.1	0.00	300.00	0.00	304.17
2×12.3.1	600.00	300.00	608.33	304.17
2×12.9.1	0.00	300.00	0.00	304.17
2×13.3.1	600.00	300.00	608.33	304.17
2×13.9.1	0.00	300.00	0.00	304.17
2×14.3.1	600.00	300.00	608.33	304.17
2×14.9.1	0.00	300.00	0.00	304.17
2×15.3.1	10,600.00	10,300.00	10,608.33	10,304.17
semi-money	5.83161%	5.91781%	5.91142%	6.00000%
semi-bond	5.91260%	6.0000%	5.99353%	6.08333%
annual money	5.91781%	6.00658%	6.00000%	6.09125%
annual bond	6.00000%	6.09000%	6.08333%	6.17585%

(effective yield rate)은 서로 다르게 나타난다. annual bond 기준 쿠폰 6%는 semi-annual money market 기준의 쿠폰 5.83161%, semi-annual bond 기준의 쿠폰 5.91260%, annual money market 기준의 쿠폰 5.91781% 등과 동일한 실효수익률을 가지고 있음을 알 수 있다.

section 03 | 스왑 가격의 고시

스왑 가격의 결정 시 문제가 되는 것은 거래기간 중 나중에 결정될 변동금리(LIBOR)가 아니라 스왑기간 중 일관되게 적용될 고정금리이다. 이 고정금리는 거래 시점에 한 번 결정되면 스왑기간 중 당시의 금리 수준과 관계없이 늘 같은 금리가 적용되므로 매우 신중하게 결정되며, 이 고정금리를 바로 스왑 가격(swap price) 또는 스왑 레이트(swap rate)라고 한다. 다시 말해 스왑 가격이란 스왑기간 중 일정기간마다 당시의 변동금리인 LIBOR와 교환될 고정금리 수준을 결정하는 것을 말한다.

스왑시장의 시장조성자(market maker)인 스왑딜러들은 스왑 가격을 양방향으로 고시(two-way quotation)하는데, 즉 스왑딜러 자신이 수취(receive)하고자 하는 고정금리 수준과 지급(pay)하고자 하는 고정금리 수준을 동시에 고시하는 것이다. 이를 '오퍼(offer)가격'과 '비드(bid)가격'이라고도 하는데, 스왑거래에서는 'offer/bid'라는 표현보다는 'receive/pay'라는 표현을 많이 사용한다. 어느 표현을 사용하건 two-way 가격 고시의 원리상 스왑딜러 입장에서는 높은 금리를 수취(receive high)하고 낮은 금리를 지급(pay low)하게 된다.

이는 원/달러 외환(FX)거래에서 딜러가 고시하는 two-way(bid/offer) 가격이 1,060원/1,061원으로 고시될 때, 딜러 입장에서 1,060원에 달러를 매입(buy low)하고, 1,061원에 달러를 매도(sell high)하겠다는 것과 동일한 이치이다.

스왑 가격결정의 핵심인 고정금리는 스왑기간과 만기가 일치하는 채권의 유통수익률(yield)을 기준으로 고시됨은 이미 설명하였다. 〈표 2-4〉에는 미달러화의 만기별 재무부증권의 유통수익률과 금리스왑의 가격이 표시되어 있다.

미달러화 금리스왑 가격은 통상 두 가지 방식으로 고시되는데, 그 첫 번째는 재무부증권(T/B)을 기준으로 가산금리(spread)를 더하여 고시하는 방식으로 주로 스왑딜러들 간의 은행 간 시장에서 많이 사용되며, 두 번째는 총액(all-in)방식으로 실제 거래할 최종 금리를 직접 계산하여

기간	미국 재무부증권(T/B) 수익률 고시	금리스왑 가격 고시	
	수익률(%)	T + spread(bp)	AMM*(%)
2년	1.876/1.860	+37.00/34.00	2.228/2.182
3년	2.254/2.245	+53.00/50.00	2.765/2.726
4년	2.645/2.636	+54.00/51.00	3.166/3.127
5년	3.038/3.024	+47.00/44.00	3.490/3.446
7년	3.440/3.433	+58.00/55.00	4.005/3.968
10년	4.044/4.036	+46.00/43.00	4.492/4.454

표 2-4 US$ 금리스왑 가격의 고시 예

* Annual Money Market 기준의 가격을 말함

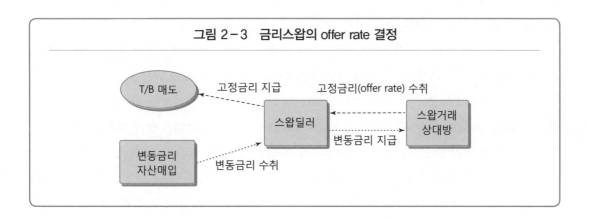

그림 2-3 금리스왑의 offer rate 결정

고시하는 방식이며, 은행과 일반고객 사이의 거래 시 많이 이용된다. 어떤 방식으로 고시되건 실제 거래 가격은 동일하며 고객의 편의에 따라 선호하는 방식을 선택하면 된다.

우선 스왑 가격의 offer rate(스왑딜러가 receive하려는 고정금리 수준)의 결정방식 및 원리를 살펴보면, 고객으로부터 고정금리를 수취하고 변동금리를 지급하는 금리스왑거래를 실행한 스왑딜러는 위험회피를 위해 반대방향의 거래를 해야 한다. 이를 위해 스왑딜러는 〈그림 2-3〉에서처럼 고정금리를 지급하고 변동금리를 수취할 수 있는 별도의 거래를 실행해야 하는데, 5년만기 금리스왑의 경우 스왑기간과 만기가 유사한 T/B를 매도(이를 short T/B라고 함)하여 고정금리를 지급하게 되고 대신 변동금리 자산을 매입하여 변동금리를 수취해야 한다. 스왑딜러가 T/B를 매도하려면 T/B유통시장(secondary market)의 T/B bid 가격에 매도해야 하며, 이때 지급하게 되는 금리는 T/B offer yield인 3.038%를 지급해야 한다. 바로 이 3.038%를 기준으로

chapter 2 스왑거래의 기초개념 **17**

'T+spread' 방식으로 금리스왑거래를 할 때 더해야 할 offer쪽 spread인 47.00bp(0.47%)를 가산한 3.508%(3.038%+0.47%)가 금리스왑의 offer 가격이 된다. 'T+spread' 방식의 스왑 offer rate 3.508%를 AMM방식의 스왑 가격 offer rate와 비교해 보면 다소의 차이가 있으나 이는 연간 이자지급의 횟수 차이 때문이다. 미 재무부증권은 연 2회 쿠폰지급을 하는 semi-annual bond기준의 금리이므로 T/B yield+spread의 3.508%를 AMM방식 가격과 비교하기 위해 annual 기준으로 바꾸면 $\left(\dfrac{0.03508}{2}+1\right)^2-1=3.539\%$가 되고, 이를 다시 money market 기준으로 전환하면 3.539%×360/365=3.490%가 되어 양쪽이 일치함을 알 수 있다.

다음으로 스왑 가격의 bid rate(스왑딜러가 pay하려는 고정금리 수준)의 결정방식 및 원리를 살펴보면, 고객에게 고정금리를 지급하고 변동금리를 수취하려는 스왑딜러는 위험회피를 위해 반대방향의 거래를 해야 한다. 이를 위해 스왑딜러는 〈그림 2-4〉에서처럼 고정금리를 수취하고 변동금리를 지급할 수 있는 별도의 거래를 실행해야 하기 때문에, 스왑기간 동안 변동금리로 자금을 차입(변동금리채 발행)하여 고정금리채(T/B)를 매입하여야 한다.

예를 들어 만기 5년의 금리스왑을 하는 경우 스왑딜러가 T/B를 매입하려면 T/B유통시장의 T/B offer가격에 매입해야 하며, 이때 수취 가능한 금리는 T/B bid yield인 3.024%를 수취하게 된다. 바로 이 3.024%를 기준으로 'T+spread' 방식으로 금리스왑거래를 할 때 더해야 할 bid쪽 spread인 44.00bp(0.44%)를 가산한 3.464%(3.024%+0.44%)가 금리스왑의 bid 가격이 된다. 'T+spread' 방식의 스왑 bid rate 3.464%와 AMM방식의 스왑 bid rate 사이에 차이가 있으나 이 또한 연간 이자지급의 횟수 차이 때문이다. 연 2회 쿠폰지급(semi-annual bond)을 하는 금리기준을 가진 T/B yield 기준의 금리스왑 가격 3.464%를 AMM방식 가격과 비교하기 위해 annual 기준으로 바꾸면 $\left(\dfrac{0.03464}{2}+1\right)^2-1=3.494\%$가 되고, 이를 다시 money market 기준으로 전환하면 3.494%×360/365=3.446%가 되어 역시 양쪽이 일치함을 알 수 있다.

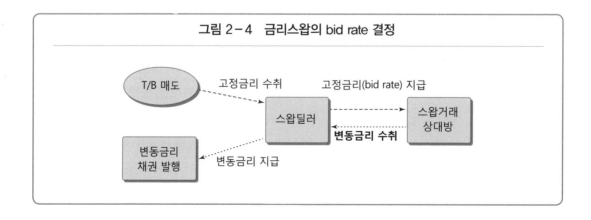

그림 2-4 금리스왑의 bid rate 결정

FRA와 선도금리의 결정

스왑거래는 서로 다른 조건의 두 가지 거래에서 발생하는 미래의 현금흐름을 교환하는 것이라고 하였다. 즉, 스왑거래에서는 미래 일정기간 동안 발생하는 서로 다른 형태의 현금흐름이 전제되어야 한다는 점에 주목해야 한다. 한쪽이 가지고 있는 미래의 현금흐름을 다른 상대방이 갖고 있는 다른 조건의 현금흐름과 교환하려면 양 현금흐름의 가치를 비교해야 하며, 이때 가치비교의 기준이 되는 것이 현재가치(present value)이다.

양쪽 현금흐름의 현재가치를 비교하여 등가(same value)의 상태에서 교환하도록 계약하는 것이다. 이때 변동금리쪽의 미래 현금흐름을 분석하고 확정하는 데 꼭 필요한 개념이 선도금리(forward rate)개념이며, 이를 거래하는 파생금융상품이 선도금리계약(Forward Rate Agreement : FRA)이다. 스왑거래 시 양쪽 현금흐름을 비교하는 과정이 스왑의 가격결정(swap pricing)과정인데 이는 나중에 자세히 설명하기로 하고 여기서는 FRA에 대해 설명하기로 한다.

1 FRA 개요

FRA(Forward Rate Agreement)는 선도금리계약으로서 미래의 특정 기간에 적용될 미래의 금리를 사전에 확정하는 거래를 말한다. 구체적으로 두 거래당사자가 장래의 일정기간(계약기간) 동안 일정한 명목원금(notional principal amount)의 예금이나 대출거래에 적용할 금리(계약 금리)를 현재 시점에서 확정하기로 하는 거래이다.

예를 들어, 지금부터 3개월 후에 적용할 3개월간 US$ 1백만 달러의 예금금리 또는 대출금리로 연리 3%를 적용하기로 계약하는 것이다. FRA에 있어서 예금과 대출은 명목적(notional)이다. 즉, 계약기간 동안 실제로 예금이나 대출은 행해지지 않고, 사전에 확정한 계약 금리와 계약기간의 실제 시장금리(결제 금리)의 차에 따른 금리 차액(결제금액)만을 현금결제하고 계약은 종료되는데, 명목원금은 결제금액을 산정하는 기준으로만 사용된다.

앞서 언급한 유로달러 선물(3개월 만기)은 선물거래소에서 거래가 성사되는 장내거래인데 반해 FRA는 거래당사자 간에 장외에서 직접거래가 이루어지는 장외거래이다. FRA는 만기 2년 이하가 대부분이지만 그 이상의 거래도 이루어지고 있다. FRA에 있어서 향후 3개월부터 6개월 후까지의 3개월 동안의 계약기간을 '3−6', '3×6', '3 against 6', 또는 '3 vs. 6' 등과 같은 여

러 가지 방법으로 표시하나 주로 '3×6'을 사용한다. 즉,

❶ 3×6('three by six'라고 읽음) : 3개월 후부터 6개월 후까지의 3개월 계약기간을 의미
❷ 6×9('six by nine'이라고 읽음) : 6개월 후부터 9개월 후까지의 3개월 계약기간을 의미
❸ 1×2('one by two'라고 읽음) : 1개월 후부터 2개월 후까지의 1개월 계약기간을 의미
❹ 6×12('six by twelve'라고 읽음) : 6개월 후부터 12개월 후까지의 6개월 계약기간을 의미

    FRA는 스왑거래와 비슷한 시기인 1980년대 초에 처음 거래되기 시작하였는데, 오늘날 주요 통화를 망라하는 방대한 시장으로 발전하였다. FRA는 은행과 기업들 사이의 거래인 대고객 거래보다는 은행 간 거래가 주종을 이루고 있다. 은행들은 자산과 부채의 만기불일치(maturity mismatch)에서 오는 금리위험을 헤지(hedge)하기 위해 FRA를 이용한다. 계약단위는 보통 US\$의 경우 5백만 달러 이상이고 1억 달러 단위의 거래도 쉽게 이루어진다.
    FRA거래의 당사자는 FRA매입자와 FRA매도자인데 FRA매입자란 변동금리 차입자 입장으로서 장래의 금리 상승 위험을 헤지하려는 당사자이며 명목상 차입자(notional borrower)를 말하고, FRA매도자란 변동금리 투자자 입장으로 장래의 금리 하락 위험을 헤지하려는 당사자이며 명목상의 투자자(notional lender)를 말한다.
    FRA에 있어 나중에 결제 금리가 계약 금리를 상회(금리 상승)하는 경우에는 FRA의 매입자는 FRA의 매도자로부터 금리 차액(결제금액)을 수취하고, 반대로 결제 금리가 계약 금리를 하회(금리 하락)하는 경우에는 FRA의 매입자는 FRA의 매도자에게 금리 차액(결제금액)을 지급한다. FRA는 금리위험을 헤지하려는 목적뿐만 아니라 금리변동을 예상하고 이로부터 이익을 얻으려는 투기의 목적으로도 이용할 수 있다. 즉, 금리 상승을 예상하면 FRA를 매입하고 금리 하락을 예상하면 FRA를 매도한다.

2   FRA 관련 용어 및 FRA의 기간 구성

FRA와 관련된 여러 가지 거래용어들을 살펴보면 다음과 같다.

❶ contract amount : 명목상으로(notionally) 차입/예금하는 FRA거래 계약원금
❷ contract currency : 계약금액의 표시통화
❸ settlement date : 명목상 차입/예금이 개시되는 날짜를 말함
❹ fixing date : 기준금리(reference rate)가 결정되는 날짜로서 통상 settlement date의 2영업

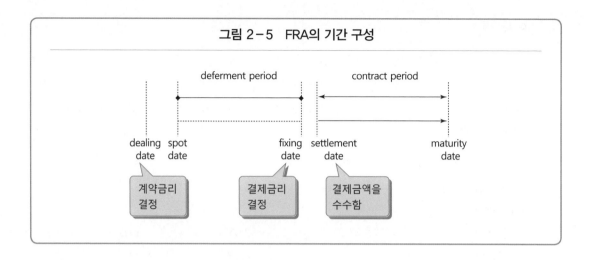

그림 2-5 FRA의 기간 구성

deferment period   contract period

dealing spot   fixing settlement   maturity
date   date   date   date   date

계약금리   결제금리   결제금액을
결정   결정   수수함

일 전

⑤ maturity date : 명목상 차입/예금의 만기일

⑥ contract period : settlement date와 maturity date 사이의 기간

⑦ contract rate : FRA거래의 계약 금리

⑧ reference rate : fixing date에 사용되는 시장금리(market rate)를 말하며 결제 금리라고
도 함

⑨ settlement sum : settlement date에 수수되는 계약당사자 간의 정산금액을 말함

⑩ FRA buyer : 명목상 차입자(금리 상승 위험을 hedge하려는 당사자)

⑪ FRA seller : 명목상 예금자(금리 하락 위험을 hedge하려는 당사자)

한편 〈그림 2-5〉에는 FRA를 구성하는 여러 개의 날짜(date)가 나타나 있는데, FRA거래에서
거래일(dealing date)로부터 만기일(maturity date)까지의 기간은 거치기간(deferment period)과 계약기
간(contract period)으로 나누어진다. 계약기간이 시작하는 날을 결제일(settlement date)이라고 부르
는데 이날 금리 차액인 결제금액(settlement sum)이 지급된다. 결제 금리(reference rate)는 결제일 2
일 전인 결제 금리 결정일(fixing date)의 시장금리로 결정한다.

3 FRA의 거래 예 및 결제절차

다음의 3×6 FRA를 매입한 매입자의 경우와 그 결제절차를 살펴보자.

예시

> 예시

오늘은 3월 20일이며 A기업은 3개월 후인 6월 20일경 미화 1천만 달러의 외화차입금을 3개월간 연장하고자 한다. 이 경우 A기업의 리스크는 외화차입금의 연장 시점인 3개월 후 달러화 금리(LIBOR)가 상승하는 경우이다. 이러한 금리 상승 위험을 커버하기 위해 A기업은 3×6 FRA를 계약 금리 2.05%에 매입하기로 하였다.

① 3개월 후 실제 LIBOR	1.50%	2.50%	3.0%
② 외화차입금 지급이자	$ 38.333	$ 63,889	$ 76,667
③ FRA 결제			
지급금리	2.05%	2.05%	2.05%
수취금리	1.50%	2.50%	3.0%
④ 결제(수수)금액(A기업 입장)			
금리차	0.55% 지급	0.45% 수취	0.95% 수취
결제금액	$ 14,056 지급	$ 11,500 수취	$ 24,278 수취
총 이자지급금액	$ 52,389	$ 52,389	$ 52,389
실지급 금리(all-in rate)	2.05%	2.05%	2.05%

위의 예에서 결제 금리(결제일의 LIBOR)가 1.5%로 계약 금리의 2.05%보다 낮은 경우에는 FRA 매입자는 FRA매도자에게 명목금액 US$ 1천만 달러, 계약기간 3개월에 대한 금리 차액 US$ 14,056을 지급하여야 한다. 즉,

$$(2.05\% - 1.5\%) \times US\$\ 10,000,000 \times 92/360 = U\$14,056$$

을 지급해야 하고, 결제 금리가 2.5%로 계약 금리 2.05%보다 높은 경우에 FRA매입자는 FRA 매도자로부터 금리 차액 US$ 11,500 = {(2.5% − 2.05%) × U$ 10,000,000 × 92/360}을 지급받는다. 결제 금리가 3.0%로 계약 금리 2.05%보다 높은 경우에는 FRA매입자는 FRA매도자로부터 금리 차액 US$ 24,278 = (3.0% − 2.05%) × US$ 10,000,000 × 92/360}을 지급받는다.

이와 같이 3×6 FRA를 2.05%의 계약 금리로 매입한 변동금리 차입자는 결제일의 시장금리(LIBOR)와 관계없이 계약기간인 장래 3개월간의 실효 차입비용을 계약 금리인 2.05%로 고정(lock in)시킬 수 있다. 마찬가지로 FRA의 일정한 계약 금리로 매도한 변동금리 투자자는 결제일의 시장금리와 관계없이 장래 일정 투자기간의 실효수익률을 계약 금리로 고정시킬 수 있다. FRA에 있어서 실제로는 금리 차액만 교환되지만 이것을 달리 보면 FRA의 매입자는 변동금리(시장금리)를 수취하고 고정금리(계약 금리)를 지급하는 것과 같다는 것을 알 수 있다. 그러

므로 장래의 금리 상승을 예상하는 당사자는 FRA를 매입한다. 마찬가지로 FRA매도자는 고정금리(계약 금리)를 수취하고 변동금리(시장금리)를 지급하는 것과 같다. 그러므로 장래의 금리 하락을 예상하는 당사자는 FRA를 매도한다. 변동금리와 고정금리의 교환이라는 관점에서 보면 FRA란 이자기간(interest period)이 1회인 금리스왑(interest rate swap)과 같다는 것을 알 수 있다. 그리고 금리스왑이란 다름 아니라 FRA를 연속적으로 여러 이자기간에 걸쳐 체결한 것과 동일한 구조라는 것을 알 수 있다. 이에 관해서는 나중에 다시 설명하기로 한다.

앞의 예에서는 LIBOR 기준으로 자금거래를 할 때와 마찬가지로 FRA의 두 거래당사자 간에 주고 받는 금리 차액이 계약기간이 종료되는 만기일에 후불로(in arrears) 지급되는 것으로 가정하였다. 그러나 FRA시장의 관행에 따르면 결제금액은 만기일이 아니고 계약기간이 시작되는 결제일에 지급되고 있다. 따라서 결제금액은 금리 차액을 결제기간 동안 결제 금리로 할인한 금액이 된다. 위의 예에서 결제 금리(결제일의 LIBOR)가 3.0%인 경우, 결제금액은 US$ 24,278이 아니라 US$ 24,093이 된다. 즉,

$$US\$\ 24,093 = \frac{US\$\ 24,278}{1 + 0.03 \times 92/360}$$

따라서 결제금액(settlement sum)을 구하는 식은 다음과 같이 쓸 수 있다.

$$결제금액 = \frac{(L - F) \times A \times (t/360)}{1 + [L \times (t/360)]}$$

위에서 L : 결제 금리(LIBOR)
F : 계약 금리
A : 명목원금
t : 계약기간의 일수

만약 $L > F$이면 FRA매도자가 매입자에게 결제금액을 지급하고, 반대로 $L < F$이면 $(L-F)$ 대신 $(F-L)$을 대입하고 이 결제금액을 FRA매입자가 매도자에게 지급하게 된다.

4   FRA가격의 결정 원리

장래의 일정기간(계약기간) 동안의 계약 금리, 즉 FRA rate 또는 FRA가격은 금리의 수익률곡선(yield curve)으로부터 구한다. 선물환 거래 시 적용되는 선물환율이 현물환율과 두 통화의

금리 차이를 고려하여 결정되는 다분히 이론적인 환율이듯이 선도금리, 즉 FRA의 가격 역시 계산에 의해 결정되는 이론적인 금리라고 하겠다.

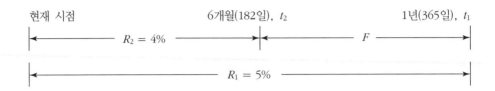

위의 그림에서와 같이 지금부터 12개월 후까지 1년의 기간 중 현재 시점부터 6개월간(0×6)의 금리가 4%이고, 지금부터 12개월간(0×12)의 금리가 5%라면, 6개월 후부터 12개월 후까지의 기간(6×12)의 미래 금리는 얼마여야 하는가? 이것이 바로 선도금리, 즉 FRA의 가격이다. 여기서 지금부터 12개월(장기간)을 t_1, 이 기간 중 금리를 R_1이라 하고, 지금부터 6개월(단기간)을 t_2, 이 기간 중 금리를 R_2라 했을 때 미래기간 6개월($t_1 - t_2$)간의 선도금리 F는 어떻게 결정되는지를 살펴보기로 하자. 이자율의 수익률 곡선으로부터 장기와 단기의 금리(연리기준)가 주어지면 다음 관계가 성립한다. 즉,

$$[1 + R_1 \times (t_1/360)] = [1 + R_2 \times (t_2/360)] \times [1 + F \times (t_1 - t_2)/360)]$$

위에서 t_1 : 장기의 기간

           t_2 : 단기의 기간

           R_1 : 장기금리(연리)

           R_2 : 단기금리(연리)

           F : *FRA rate*

따라서 이제 *FRA rate*(F)는 다음과 같이 구할 수 있다.

$$F = \left[\frac{1 + R_1 \times (t_1/360)}{1 + R_2 \times (t_2/360)} - 1 \right] \times \frac{360}{(t_1 - t_2)}$$

위의 예에서 단기금리가 4%이고 장기금리가 5%인 6×12 FRA의 가격을 위의 공식을 이용해 구하면 5.8757%가 된다. 즉,

$$\left[\frac{1 + 0.05 \times (365/360)}{1 + 0.04 \times (182/360)} - 1 \right] \times \frac{360}{183} = 5.8757\%$$

FRA 가격결정 원리의 이해를 돕기 위해 아래의 예를 살펴보기로 하자.

2××3년 10월 10일 현재 A기업의 경우 다음과 같은 자금계획을 가지고 있다.

❶ 2××4년 4월 10일 US$ 1천만 달러 지급 예정
❷ 2××4년 10월 10일 US$ 1천만 달러 수취 예정

A기업의 재무담당자는 향후 US$ 금리가 점차 상승할 것으로 예상하고 있으며, 따라서 현재 시점에서 2××4년 4월 10일에 필요한 자금의 차입금리(6개월 차입 예정)를 현재 시장 가격으로 고정시키고자 한다. 이를 위해 A기업의 재무담당자는 명목원금(notional principal) US$ 1천만 달러의 차입금리를 현재 시점에서 확정시켜 주도록 거래은행에게 요구하였다. 차입기간은 2××4년 4월 10일부터 2××4년 10월 10일까지이며, A기업의 요구내용을 그림으로 정리하면 다음과 같다.

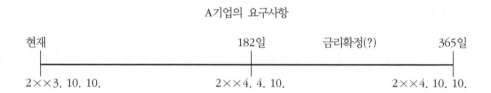

A기업의 거래은행은 A기업에게 FRA(6×12)를 매도하여 줌으로써 A기업의 요구사항을 충족시킬 수 있으며 이를 위해 거래은행은 다음과 같은 거래들을 실행해야 한다.

❶ 현재 시점에서 US$ 1천만 달러를 12개월간 차입하고
❷ 차입한 US$ 1천만 달러는 현재로서는 필요하지 않으므로 6개월간 다른 곳에 운용해야 하며
❸ 6개월 후(2××4. 4. 10.)에 그 이전 6개월간 운용했던 US$ 1천만 달러를 상환받아 A기업에게 약속한 US$ 1천만 달러를 6개월간 대출해 주어야 한다.

이때 기간별 시장금리가 아래와 같다고 가정하면,

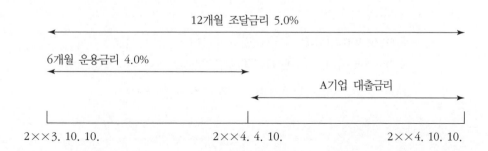

A기업이 요구한 2××4. 4. 10.부터 2××4. 10. 10.까지의 대출에 대한 금리는 현재 시점에서 다음과 같이 계산될 수 있다.

1번 거래 : 조달코스트 US$ 1천만 @5.0% 365일간＝US$ 506,944
2번 거래 : 운용수익　US$ 1천만 @4.0% 182일간＝US$ 202,222
Net Cost : US$ 304,722

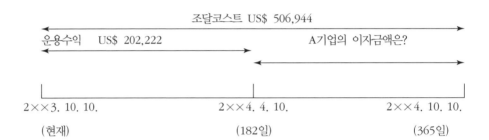

1번과 2번 거래로부터 발생한 Net Cost US$ 304,722을 커버하기 위해서 거래은행은 거래원금 US$ 1천만 달러 기준으로 183일간(2××4. 4. 10.~2××4. 10. 10.) 운용하여 US$ 304,722의 이자수입을 올릴 수 있는 이자율을 A기업에게 적용해야 한다. 즉,

$$304,722/10,000,000 \times 360/183 = 5.994\%$$

하지만 2××4. 4. 10.에 거래은행은 처음 6개월(2××3. 10. 10.~2××4. 4. 10.)간의 운용수익 US$ 202,222을 얻게 되므로 이를 A기업에 대한 대출금리 산정에 포함시켜야 한다(대출금리 차감효과).

$$304,722/10,202,222 \times 360/183 = 5.8757\%$$

위와 같이 미래 기간에 적용될 금리계산을 Forward-Forward 금리계산이라 하며, 아래와 같이 정리된다.

$$(1+L)=(1+S)\times(1+F)$$
L(Long-term Leg) : 장기금리×장기일 수/360
S(Short-term Leg) : 단기금리×단기일 수/360
F(Forward Leg) : FRA금리×FRA 계약일 수/360

5 FRA 가격의 고시

은행 간 거래에서는 FRA를 거래할 때 수수료를 따로 부과하지 않고 양방향 가격 고시(two-way quotation)를 통해서 bid rate와 offer rate의 스프레드를 수익의 원천으로 삼는데, 이때의 가격 선택 원리는 외환(FX)거래 시 적용하는 환율 원리와 동일하다. 즉, 가격을 고시하는 시장조성자 입장에서는 'Buy Low & Sell High'의 원칙이 적용된다.

3×6 FRA를 매도한 은행(고객이 FRA 매입 시)은 ① 거래일에 계약금액을 거래일로부터 만기일까지 6개월간 차입하고, ② 이 자금을 계약일로부터 결제일까지 3개월간 제3자에게 대출함으로써 FRA매도에 따르는 금리위험을 커버할 수 있다. 따라서 FRA rate를 구하는 식에 은행의 장기차입금리와 단기대출금리를 대입함으로써 FRA offer rate를 구할 수 있다. 마찬가지로 FRA bid rate는 은행의 장기대출금리와 단기차입금리를 대입함으로써 구할 수 있다. 이것은 손익분기의 FRA rate이고 실제의 가격 제시(quotation)는 은행의 적정마진을 감안하여 결정한다. 〈표 2-5〉는 FRA rate의 은행 간 시장 가격 제시의 한 예이다.

구분 \ FRA quotation	bid rate 5.50%	offer rate 5.625%
시장조성자(market maker)	FRA 매입	FRA 매도
시장이용자(marker user)	FRA 매도	FRA 매입

표 2-5 FRA 가격 고시 예

1×4 5.75−5.80	1×7 5.66−5.71	1×10 5.70−5.75	1×13 5.80−5.87
2×5 5.53−5.58	2×8 5.59−5.64	2×11 5.71−5.76	2×14 5.85−5.92
3×6 5.52−5.57	3×9 5.59−5.64	3×12 5.71−5.76	3×15 5.90−5.97
4×7 5.54−5.59	4×10 5.64−5.69	4×13 5.80−5.85	4×16 6.00−6.07
5×8 5.57−5.62	5×11 5.70−5.75	5×14 5.90−5.95	5×17 6.09−6.16
6×9 5.61−5.66	6×12 5.75−5.80	6×15 5.99−6.04	6×18 6.18−6.25
9×12 5.85−5.90	9×15 6.13−6.18	9×18 6.34−6.39	9×21 6.54−6.61
12×15 6.45−6.50	12×18 6.53−6.58	12×21 6.73−6.78	12×24 6.93−7.00
15×18 6.54−6.59	15×21 6.82−6.87	15×24 7.07−7.12	

❶ annual : 이자지급의 간격(1년에 1회 이자지급), semi-annual(연 2회 이자지급)

❷ basis swap

　ㄱ. 통상 LIBOR 기준의 두 통화 사이의 swap을 지칭

　　예) US$ LIBOR vs. CHF LIBOR

　ㄴ. 동일 통화의 상이한 변동금리 기준 사이의 swap을 의미

　　예) US$ Prime vs. US$ CP

　ㄷ. 동일 통화의 동일한 변동금리 기준(상이한 만기) 사이의 Swap을 의미

　　예) 3m US$ LIBOR vs. 6m US$ LIBOR

❸ BID : 시장조성자(market maker)입장에서 지급(pay)하려는 고정금리 수준이다. two-way quotation시 'receive high/pay low'의 원리가 적용되어 낮은 쪽 금리를 말함

❹ borrower : 고정금리로 차입하는 당사자

❺ cash basis : money market basis의 별칭(LIBOR 적용)

❻ compounding : 복리기준 이자계산 방법. 1m LIBOR vs. 6m LIBOR basis swap의 경우 1m LIBOR는 매월 새로운 LIBOR로 compounding된 후 매 6개월마다 6m LIBOR와 시기를 맞추어 이자를 지급함이 원칙

❼ counterparty : 거래 상대방. 모든 swap거래에 있어 최소한 둘 이상의 counterparty가 존재함(개념상 lender와 borrower의 관계와 유사함)

❽ fixed : 고정금리

❾ floating : 변동금리. 통상 LIBOR가 사용되나 CP, prime, SIBOR, HIBOR 등이 사용되기도 함. 원화의 경우 통상 3개월 만기 양도성 정기예금증서(CD) 유통수익률을 사용함

❿ intermediary : swap중개기관. match된 swap거래의 경우 통상 대형 금융기관이 swap 거래 당사자의 intermediary역할을 담당. 따라서 이 경우 swap 당사자의 직접적인 거래 상대방은 intermediary역할을 하는 금융기관이 되며, swap 당사자 입장에서 상호 간의 credit risk는 없고 intermediary가 양쪽 swap 당사자에 대한 credit risk를 부담하게 됨

⓫ ISDA(International Swaps and Derivatives Association) : 파생금융상품거래의 표준화 작업을 주목적으로 하는 국제스왑파생상품협회. swap거래를 비롯하여 모든 국제적인 파생금융상품거래에 ISDA가 작성하여 관리하고 있는 기본 거래약정서를 사용하고 있음

⑫ ISDA documentations : ISDA가 제정한 swap거래의 표준계약서. 통상 Master agreement (주계약서)와 Schedule(부속계약서), CSA(신용보강약정서), 개별 거래확인서(Confirmation) 등으로 구성되며 현재는 option거래 등 대부분의 파생상품거래에서 사용됨

⑬ lender : 고정금리를 수취하는 당사자

⑭ money market basis : 'actual/360' 일수계산 기준의 금리계산 방식(원화 등 일부 통화의 money market basis의 경우는 'actual/365' 적용)

⑮ offer : 시장조성자(market maker)입장에서 수취(receive)하려는 고정금리 수준

⑯ payer : payer of fixed란 고정금리 지급자(변동금리 수취자)

⑰ receiver : receiver of fixed는 payer of floating과 동일한 당사자임

⑱ semi-semi : swap거래의 금리지급 빈도수를 뜻함. 즉, 고정금리와 변동금리가 semi-annual(연 2회) 지급됨(교환됨)

예) annual-6's : 고정금리 연 1회 지급, 6m LIBOR 연 2회 지급

⑲ spread

ㄱ. swap거래의 고정금리계산 시 기준금리(US treasuries 등)에 더해지는 가산금리로서 bp(basis point)로 표시됨

ㄴ. LIBOR/LIBOR swap시 한 통화의 금리에 더해지는 premium

예) YEN LIBOR+spread 10 bp vs. US$ LIBOR flat으로 스왑

⑳ strip : 일련의 거래조합을 의미. a strip of interest rate futures란 일련의 연속된 다수 금리선물계약으로 구성된 조합거래를 말함. 단기(2년 이하) swap의 pricing은 채권시장의 단기(2년) 국채수익률이나 futures market의 3 month Eurodollar 연속 8가지 만기 strip을 구성하여 산출된 실효금리를 기준으로 고시됨

㉑ spot start : swap거래 시 이자계산이 spot date(계약 후 2영업일)로부터 시작되는 경우로 US$를 비롯 대부분 통화에 적용됨. forward start는 이자계산이 미래 특정 시점에 시작

㉒ stub : swap거래 계약기간 중 정기적 금리교환기간 이외의 자투리기간. 계약기간이 4년 4개월인 금리 swap거래를 semi-semi 기준으로 이자교환하기로 하였다면 6개월마다 8회(총 4년간) 고정금리와 변동금리를 교환하고, 나머지 stub기간(4개월)은 계약기간 초기나 끝부분에 임의로 지정하여 금리를 교환하게 됨

chapter 03

금리스왑

금리스왑의 개요

금리스왑(Interest Rate Swap : IRS)이란 두 거래당사자가 미래의 일정한 계약기간 동안 동일 통화의 일정한 명목원금(notional principal amount)에 대해 서로 다른 이자기준(interest base)에 따라 정해지는 이자지급(interest payment)을 주기적으로 교환하는 것을 말한다. 금리스왑은 동일 통화의 일정한 명목원금에 대한 이자지급만을 교환하는 것이고 원금의 교환은 일어나지 않는다. 이를 정리하면 금리스왑이란,

① 양 거래당사자 간의 계약으로서(two counterparties)
② 각 거래당사자는 상대방에게 주기적으로 이자를 지급하기로 약정하되(periodic interest payment)
   ㄱ. 미래의 일정기간마다 특정 시점에
   ㄴ. 이자지급의 기초로만 사용하는 명목원금에 대하여
   ㄷ. 동일한 통화로 표시된 이자를 지급하기로 약정하며
③ 한쪽 당사자는 스왑계약 시점에 미리 약정된 고정금리에 기초한 이자를 지급하는 고정금리 지급자이고(fixed interest payer)
④ 다른 한쪽 당사자는 특정 변동금리지표(예, 6개월 LIBOR)를 기준으로 스왑기간 중 일정기

간마다 재조정(reset)되는 변동금리이자를 지급하는 변동금리 지급자이며(floating interest payer)

❺ 금리스왑에서는 원금은 서로 교환하지 않고 단지 이자만을 교환한다(interest exchange only).

가장 일반적인 금리스왑의 형태는 변동금리와 고정금리에 따른 이자지급을 교환하는 것으로, 이를 쿠폰스왑(coupon swap)이라고 하고 이를 그림으로 나타내면 〈그림 3-1〉과 같다. 금리스왑이라 하면 보통 쿠폰스왑을 말하는 것으로 가장 흔한 형태이다. 금리스왑의 또 다른 형태는 한 변동금리와 다른 변동금리에 따라 결정되는 이자지급을 교환하는 것으로 이를 베이시스 스왑(basis swap) 또는 인덱스 스왑(index swap)이라고 하고 원리는 〈그림 3-2〉와 같다. 베이시스 스왑에서는 3개월 LIBOR와 6개월 LIBOR 간의 교환이나, 또는 6개월 LIBOR와 미국 prime rate의 교환 등 여러 가지 다양한 변동금리의 배합이 이루어진다.

만일 두 거래 당사자가 만기 3년, 명목원금 US$ 1천만 달러, 이자기간 6개월, 고정금리 5%의 금리스왑을 체결하였다면, 고정금리 지급자(A은행)와 변동금리 지급자(B회사)는 6개월마다 US$ 250,000(=US$1천만×0.05×180/360)와 당시 6개월 LIBOR×US$ 1천만×180/360을 서로 교

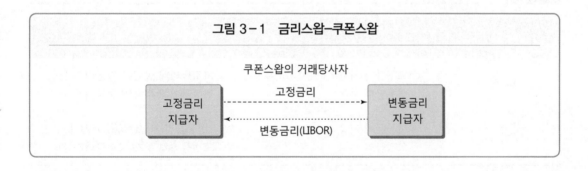

그림 3-1 금리스왑-쿠폰스왑

쿠폰스왑의 거래당사자

고정금리 지급자 ----고정금리----> 변동금리 지급자
고정금리 지급자 <----변동금리(LIBOR)---- 변동금리 지급자

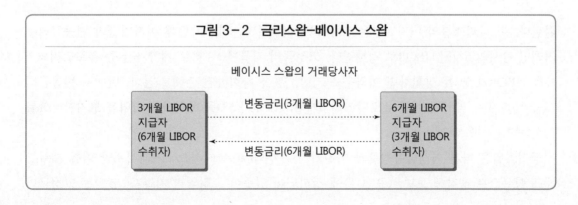

그림 3-2 금리스왑-베이시스 스왑

베이시스 스왑의 거래당사자

3개월 LIBOR 지급자 (6개월 LIBOR 수취자) ----변동금리(3개월 LIBOR)----> 6개월 LIBOR 지급자 (3개월 LIBOR 수취자)
3개월 LIBOR 지급자 (6개월 LIBOR 수취자) <----변동금리(6개월 LIBOR)---- 6개월 LIBOR 지급자 (3개월 LIBOR 수취자)

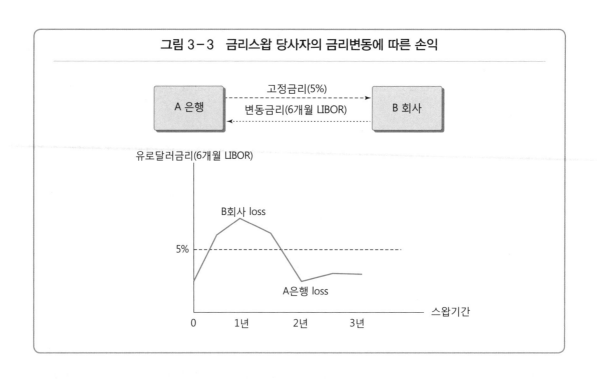

그림 3-3 금리스왑 당사자의 금리변동에 따른 손익

	off-balance sheet (쿠폰스왑거래)		on-balance sheet (금리 Gapping거래)
A은행	고정금리 지급	⇒	고정금리채 발행(고정금리부채)
	변동금리 수취	⇒	변동금리채 투자(변동금리자산)
B회사	변동금리 지급	⇒	변동금리 차입(변동금리부채)
	고정금리 수취	⇒	고정금리채 투자(고정금리자산)

표 3-1 금리스왑 당사자의 금리 수수에 따른 입장 비교

환한다. 이 금리스왑의 이자교환은 모두 6번 이루어지는데, 첫 번째 이자기간의 변동금리는 거래일 당시의 6개월 LIBOR로 정해진다. 고정금리 지급자(A은행)는 계약기간 중 유로달러의 6개월 LIBOR가 5%를 상회하면 이익을 보지만, 5%를 하회하면 손해를 본다. 반대로 변동금리 지급자(B회사)는 계약기간 중 유로달러의 6개월 LIBOR가 5%를 하회하면 이익을 보지만, 5%를 상회하면 손실을 보게 된다.

금리스왑은 다른 파생금융상품과 마찬가지로 부외(off-balance sheet)거래이지만 이를 재무상태표 항목으로 생각해 보면, 〈표 3-1〉에 정리되어 있듯이 고정금리 지급자(A은행)는 고정금리로 자금을 차입(채권 발행)하여 변동금리로 자산을 운용하는 것과 같은 입장에 있다고 할 수 있다. 즉, 고정금리 부채보유에 따라 고정금리 이자지급 의무가 있고 변동금리 자산보유에 따라 변동금리 이자수입이 생기는 형태의 재무상태표상 자산과 부채를 보유하고 있는 경우인데, 이는 A은행과 같은 이자수수 방향으로 금리스왑거래를 하는 경우와 같은 입장인 것이다. 다만 재무상태표상에 회계처리가 이루어지는 거래(on-balance sheet)인지 부외거래인지의 차이만 있을 뿐이다. 또 변동금리 지급자(B회사)는 변동금리로 자금을 조달하여 고정금리로 자산을 운용(채권투자)하는 것과 같은 입장이라고 할 수 있다.

section 02 **금리스왑의 가격 고시**

대부분 통화의 금리스왑에서 변동금리의 기준은 6개월 LIBOR로 정해지는데 이 변동금리는 스왑거래기간 중 주기적으로 다시 결정(reset)되는 불확실한 부분이다. 따라서 금리스왑의 가격결정이란 변동금리와 교환되는 고정금리를 정하는 것을 말하는데, 금리스왑의 고정금리를 가리켜 스왑레이트(swap rate)라고 부른다. 다시 말해 스왑기간 중 일정기간마다 결정되는 변동금리(6개월 LIBOR)와 상대하여 스왑기간 중 얼마의 고정금리를 일관되게 수수할 것인가가 금리스왑의 가격인 것이다.

금리스왑은 장기간의 거래이므로 장기간의 시장금리가 필요한데, 스왑레이트는 금리스왑과 만기가 같은 채권(통상 국채)의 수익률과 비슷한 수준에서 결정된다. 하지만 국채의 유통수익률은 신용위험이 거의 없는 투자수단의 금리이므로 일반은행 간 혹은 은행과 회사 간의 금리스왑 거래에서 국채수익률과 거의 같은 금리를 적용할 수는 없다. 다시 말해 거래상대방의 신용도에 따라 채권금리에 적정 수준의 스프레드(spread)를 가산하여 금리스왑 가격이 결정된다.

스왑 가격은 이렇듯 국채금리에 스프레드를 가산한 방식(US$의 경우 T+spread)으로 고시하는 것이 일반적이나, 일반 고객들의 경우는 자신이 지급 혹은 수취할 고정금리의 최종 가격이 궁금하므로 'T+spread' 고시방식보다는 고객 입장에서 실제 수수하게 될 총금리(all-in)방식이 거래 시 편리하다. 따라서 은행 간 스왑시장에서는 T+spread 방식을 많이 사용하고 일반 고객 시장에서는 all-in 방식을 선호하는 편이다. 보통 은행 간 금리스왑 시장에서 가격을 고시

표 3-2 　은행 간 시장의 US$ 금리스왑 가격 예

US Dollar interest rate swap two-way(offer/bid) quotation		
period	spread(bp)	annual interest(A/360)
2 years	+37.0/+34.0	2.228 – 2.182
3 years	+53.0/+50.0	2.765 – 2.726
5 years	+47.0/+44.0	3.490 – 3.446
7 years	+58.0/+55.0	4.005 – 3.968
10 years	+46.0/+43.0	4.492 – 4.454

하는 은행들은 신용등급이 매우 우수한(A등급 이상) 은행들인데 이들 은행 간 거래에 적용되는 스프레드보다 다소 높은 수준의 스프레드가 기업과의 금리스왑거래에 적용된다.

　스왑딜러들은 스왑의 bid rate와 offer rate의 two-way price로 스왑의 가격을 제시(quote)하는데, bid rate란 스왑딜러가 지급(pay)하려는 고정금리를 말하고, offer rate란 스왑딜러가 수취(receive)하고자 하는 고정금리를 말한다. 스왑딜러는 bid-offer의 차이를 수익의 원천으로 삼기 때문에 two-way(offer/bid) quotation으로 가격을 고시하는 경우 'receive high/pay low'의 원칙을 고수하는 것이다. 따라서 고객 입장에서는 은행이 고시하는 금리스왑의 two-way가격을 이용하여 거래하고자 하는 경우 스왑딜러와는 반대 입장, 즉 'receive low/pay high'의 원칙을 수용할 수밖에 없게 된다.

　〈표 3-2〉는 US$화의 금리스왑 가격이 T+spread와 all-in 두 가지 방식으로 고시되어 있는데, 예를 들어 고객 입장에서 만기 5년의 금리스왑 거래를 통해 고정금리를 지급(변동금리 수취)하고자 한다면 T+47.0bp 혹은 3.490%를 지급해야 한다. 한편 고객이 5년간 고정금리를 수취(변동금리 지급)할 수 있는 금리스왑 가격은 T+44.0bp 혹은 3.446%가 된다.

　여기서 금리스왑의 가격과 관련하여 금리스왑(IRS)과 선도금리계약(FRA)의 관계를 살펴볼 필요가 있다. 금리스왑이란 선물금리계약(FRA)을 연속적인 여러 이자기간에 걸쳐 체결한 것과 같다. 미래에 수수할 고정금리를 사전에 확정한다는 점에서 FRA와 IRS는 같다고 할 수 있다. 미래의 금리를 확정한다는 것은 고정금리와 변동금리를 교환한다는 의미인데, FRA는 미래의 금리교환이 1회(단기간)이며, IRS는 금리교환이 수회(장기간)에 걸쳐 연속적으로 일어난다는 점이 다르다. 따라서 스왑레이트는 FRA의 연속적인 여러 기간 가격(선도금리)의 평균 수준으로 결정된다고 말할 수 있다.

　우리나라 원화의 경우 1990년대 중반부터 원화 금리스왑이 아주 제한적으로 거래되기 시작

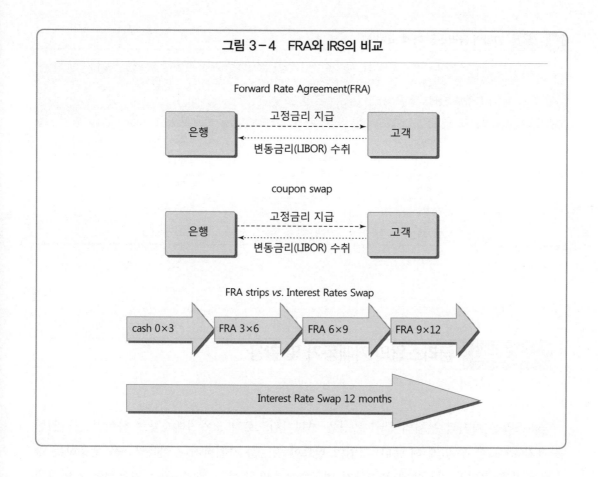

그림 3-4 FRA와 IRS의 비교

Forward Rate Agreement(FRA)

은행 ← 고정금리 지급 → 고객
변동금리(LIBOR) 수취

coupon swap

은행 ← 고정금리 지급 → 고객
변동금리(LIBOR) 수취

FRA strips *vs.* Interest Rates Swap

cash 0×3   FRA 3×6   FRA 6×9   FRA 9×12

Interest Rate Swap 12 months

하였으나 은행 간 시장이 형성되어 본격적으로 거래된 것은 1999년경부터이다. 앞서 언급했듯이 스왑시장의 발전과 경쟁력 있는 가격의 고시는 채권시장과 관련 파생상품시장의 발전이 필수적인데, 우리나라의 경우는 아직 채권(국채)의 만기가 다양하지 않고 그 시장규모도 해외 주요 통화에 비해 열악한 수준이기 때문에 원화 스왑시장의 규모도 아직은 주요 통화와 비교하여 작은 편이다. 하지만 몇몇 시장 조성자들의 노력과 1999년 9월 시작된 국채선물시장의 규모가 확대되면서 최근에는 그 거래규모가 크게 늘어나고 있으나 장기(특히 만기 5년 이상) 금리스왑의 경우 시장 유동성이 매우 부족한 상황이다.

〈표 3-3〉은 all-in prices로 제시된 국내 원화(KRW)의 금리스왑 가격의 예인데, 원화 금리스왑의 경우 변동금리의 기준이 되는 것은 3개월 만기의 양도성 정기예금증서(CD)의 수익률이다. 예를 들어 〈표 3-3〉의 가격대로 원화 금리스왑을 거래한다면 고객 입장에서 3년간 고정금리 4.75%를 지급하고 3개월마다 3개월 만기 CD 유통수익률을 수취하거나, 혹은 4.65%를 수취하고 3개월 만기 CD 유통수익률을 지급하면 된다.

표 3-3　원화의 금리스왑 가격 고시 예

Korean Won interest rate swap two-way(offer/bid) quotation	
period	Quarterly rate against 3 month CD yield
1 year	4.27 − 4.20
2 years	4.50 − 4.42
3 years	4.75 − 4.65
4 years	5.05 − 4.95
5 years	5.25 − 5.15

section 03　금리스왑의 거래동기 및 활용

금리스왑은 자산과 부채의 금리 특성을 변형시킴으로써 스왑거래자들로 하여금 금리위험을 헤지(hedge)할 수 있게 해 준다. 기업이 필요한 자금을 차입하거나 여유자금을 운용하는 과정에서 향후 금리가 자신에게 불리하게 변동함으로써 손실을 볼 수 있는 가능성에 직면하게 되는 경우 이를 금리리스크라고 한다. 이러한 금리 리스크를 헤지하기 위한 하나의 수단으로 금리스왑을 이용한다.

한편 스왑딜러의 입장에서는 금리가 낮은 수준에서 고정금리를 지급하는 방향의 금리스왑을 실행한 후 나중에 금리가 상승했을 때 고정금리를 수취하는 방향의 금리스왑 청산거래를 실행하여 이익을 취하는 투기(speculation)적 목적으로 금리스왑을 이용하기도 한다.

1　기업 경영계획(예산계획) 수립

기업의 경영계획(예산계획) 수립 과정에서 향후 금리전망이 불투명할 경우 기업이 가지고 있는 부채나 자산의 금리 기준이 변동금리 조건이라면 향후 금리변동으로 인해 수익이나 지급 비용이 가변적일 수 있어 기업경영에 차질을 빚게 된다. 이 경우 기업은 금리스왑을 이용하여 변동금리 조건의 자산이나 부채를 고정금리로 전환하여 사전에 모든 수익과 비용을 확정할 수 있다. 이는 향후 금리전망과 관계없이 재무적 불확실성을 극복하기 위한 매우 보수적인 전략으로 비교적 예측 가능한 경영 요소들을 가진 기업들에 해당된다고 하겠다.

<table>
<tr><td>**2**</td><td>**금리 상승 우려**</td></tr>
</table>

금리 상승을 예상하는 변동금리 차입자는 고정금리 지급자로 금리스왑을 체결하면 변동금리 부채를 고정금리 부채로 변형시켜 차입비용의 증가를 예방할 수 있다(〈그림 3-5〉 참조).

한편 금리 상승을 예상하는 고정금리 투자자의 경우에도 변동금리 수취자로 금리스왑을 실행하여 고정금리 투자자산을 변동금리 자산으로 전환하면 이자수입의 증대를 도모하게 된다 (〈그림 3-6〉 참조). 여기서 유의할 점은 변동금리 조건의 부채나 자산을 금리스왑을 통해 고정금

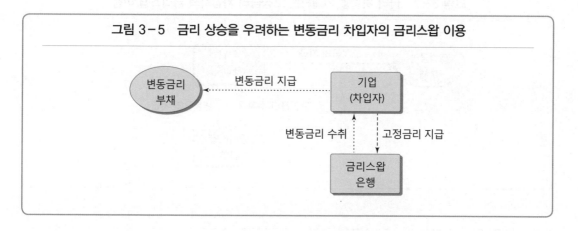

그림 3-5 금리 상승을 우려하는 변동금리 차입자의 금리스왑 이용

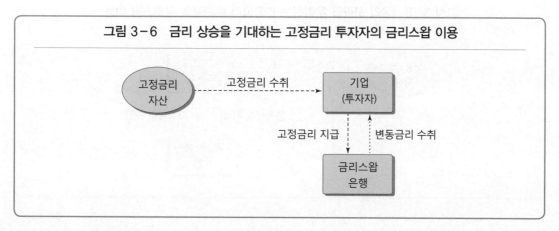

그림 3-6 금리 상승을 기대하는 고정금리 투자자의 금리스왑 이용

리 조건으로 전환한다는 것이 기존 부채나 자산 자체의 금리조건을 변경하는 것이 아니고 부외거래인 금리스왑을 별도로 실행하여 기존 거래와 함께 고려하는 경우 금리조건이 변경된 효과가 달성된다는 것이다.

3 금리 하락 기대

금리 하락을 예상하는 고정금리 차입자는 변동금리 지급자로 금리스왑을 체결하면 고정금리 부채를 변동금리 부채로 변형시켜 차입비용의 감소를 기대할수 있다(〈그림 3-7〉 참조). 또한 금리 하락을 우려하는 변동금리 투자자의 경우도 금리스왑을 통해 변동금리 자산을 고정금리 자산으로 전환하여 이자수입의 감소를 예방할 수 있다(〈그림 3-8〉 참조).

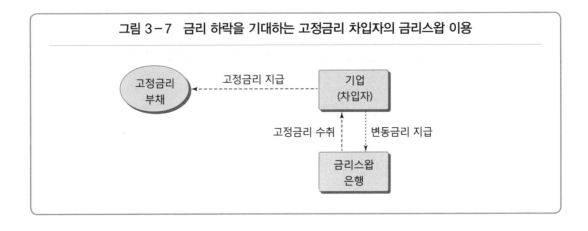

그림 3-7 금리 하락을 기대하는 고정금리 차입자의 금리스왑 이용

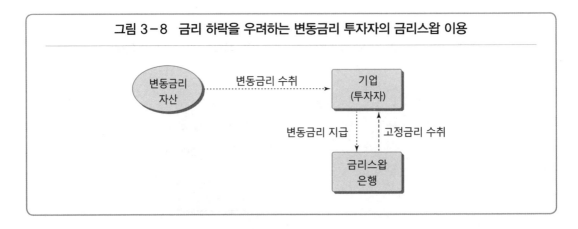

그림 3-8 금리 하락을 우려하는 변동금리 투자자의 금리스왑 이용

4 　고정금리 자금조달 애로

기업이 고정금리로 자금을 차입하기를 원하나 신용도 문제나 기타의 사유로 고정금리 차입이 어려운 경우, 이 기업은 일단 변동금리로 자금을 조달한 후 금리스왑을 통해 변동금리를 수취하고 고정금리를 지급하게 된다면 원래 고려했던 고정금리 차입의 목적을 이루게 된다.

5 　차입비용 절감

금리스왑은 원래 금리위험의 헤지를 위한 상품으로 도입되었으나, 오늘날에는 자본시장의 불완전성(capital market imperfections)을 이용하여 차입비용의 감소를 가져오는 신규차입 재정(new issue arbitrage)의 수단으로 널리 활용되고 있다. 지금 기업 A와 기업 B가 US$ 1천만 달러를 3년간 차입하고자 하는데 고정금리 시장과 변동금리 시장에서 부담해야 하는 차입비용이 다음 표와 같다고 할 때, 기업 A는 변동금리로 자금조달을 원하고 있고 기업 B는 고정금리로 자금을 조달하려고 한다고 가정하자.

기업 A와 기업 B가 각각 자신이 의도했던 대로 변동금리와 고정금리로 직접 자금을 조달하는 경우에 두 기업이 부담하는 차입비용은 LIBOR(기업 A)와 4.00%(기업 B)이다. 고정금리 시장이나 변동금리 시장 모두에서 기업 A의 조달비용이 낮아 절대적인 신용도는 기업 A가 우량하지만, 고정금리 시장의 금리차는 1%인데 반해 변동금리 시장의 금리차는 0.25%에 불과하다. 이는 기업 A는 고정금리 시장에서 비교우위가 있지만 기업 B는 변동금리 시장에서 상대적으로 비교우위를 갖고 있다고 말할 수 있다.

따라서 기업 A가 고정금리시장에서 3.00%로 US$ 1천만 달러를 차입하고 기업 B는 변동금리 시장에서 LIBOR+0.25%로 US$ 1천만 달러를 차입한 다음 서로 이자지급을 교환하는 금리스왑을 체결함으로써 두 기업이 모두 원하는 조건으로 차입함과 동시에 차입비용도 낮출 수 있다.

	고정금리 시장	변동금리 시장
기업 A	3.00%	LIBOR
기업 B	4.00%	LIBOR+0.25%
금리차	1.00%	0.25%

스왑거래에서 기업이 직접 상대방을 찾는다는 것은 현실적으로 매우 어렵고, 설사 직접 거래가 가능하다 하더라도 상대방에 대한 신용위험에 대한 부담과 스왑기간 중 업무 처리에 대한 부담 때문에 거의 불가능한 일이다. 따라서 스왑거래는 중개은행(intermediary bank)의 알선을 통해 이루어진다. 이때 한 당사자(기업)는 상대방의 신용상태를 염려할 필요가 없을 뿐만 아니라 상대방의 금리지급 조건 등을 알 필요가 없이 중개은행과 거래를 하면 된다. 중개은행은 두 당사자와 각각 다른 스왑을 체결하고 중개수익을 얻게 된다.

〈그림 3-9〉와 〈표 3-4〉에서 볼 수 있듯이 기업 A의 입장은 스왑딜러로부터 3.25%를 수취하고 고정금리 대출자에게 3.00%를 지급하므로 0.25%의 차액을 실현하게 되며, 이는 스왑딜러에 지급하는 변동금리 조건에 포함되어 결국 기업 A의 실효 차입금리는 'LIBOR−0.25%'가 된다. 한편 기업 B의 경우는 스왑딜러로부터 LIBOR flat을 수취한 후 변동금리 대출자에게 LIBOR+0.25%를 지급하고 스왑딜러에는 고정금리 3.50%를 지급하므로 총 '3.75%'의 실

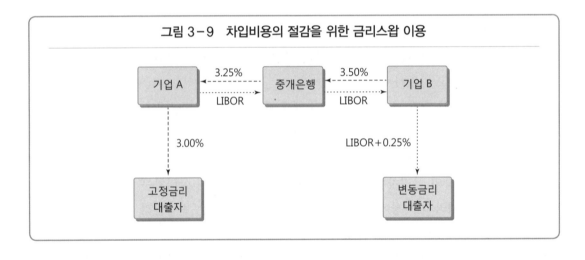

그림 3-9 차입비용의 절감을 위한 금리스왑 이용

표 3-4 금리스왑을 통한 기업 A, B의 차입비용 분석

	기업 A	기업 B	중개은행
금리수입	3.25%	LIBOR	LIBOR+3.50%
금리지급	LIBOR+3.00%	LIBOR+0.25%+3.50%	LIBOR+3.25%
실효 차입금리	LIBOR−0.25%	3.75%	
기존 차입금리	LIBOR	4.00%	
금리이익	0.25%	0.25%	
중개수익			0.25%

효 차입금리를 부담하게 된다.

6   cash flow 조절 목적

금리스왑은 특정 거래의 현금흐름(cash flow)을 조절하기 위한 목적으로도 이용될 수 있다. 예를 들어 3개월 변동금리 조건으로 2년간 자금을 조달하여 만기 2년의 채권을 매입한 투자자가 있다고 하자. 동 채권으로부터의 이자는 고정금리 7%로 6개월마다 입금된다고 하면 투자자 입장에서 이자지급시기(매 3개월)와 이자수입시기(6개월)의 불일치로 자금흐름에 문제가 발생할 수 있다. 이를 해결하기 위해 이 투자자는 금리스왑을 통해 스왑상대방으로부터 3개월마다 변동금리를 수취하고 6개월마다 고정금리(예, 6.5%)를 지급하는 계약을 체결했다면 전체적인 현금흐름을 일치시킬 수 있게 된다.

7   기회비용의 절감을 위한 자산 혹은 부채의 금리구조 조정

경영계획(예산계획)을 위한 목적으로 금리스왑을 이용한다는 것은 이미 설명하였다. 하지만 모든 수익 또는 비용을 확정시켜 놓을 경우 금리가 예상과 다르게 변한다면 기회비용이 발생할 수 있다.

예를 들어 S사가 현재 보유하고 있는 원화부채의 금리조건은 전체 부채의 90% 이상이 회사채 발행을 통한 고정금리부채이다. S사의 경우 지급금리 확정으로 향후 경영계획 수립에는 도움이 되나 향후 원화금리가 지속적으로 하락한다면 금리 하락의 혜택을 누릴 수 없게 된다(기

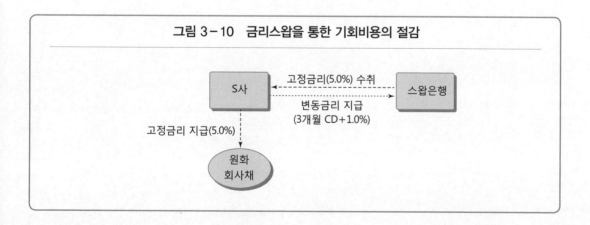

그림 3-10   금리스왑을 통한 기회비용의 절감

회이익 상실). 따라서 S사는 기존의 원화고정금리 부채 중 일부를 변동금리 부채로 전환하는 금리스왑 거래를 하고자 한다. S사가 발행한 회사채의 평균 지급금리가 5%인 경우 S사는 〈그림 3-10〉과 같이 금리스왑을 통해 스왑딜러으로부터 고정금리 5%를 수취하고 변동금리(3개월 CD 수익률+1%)를 지급하는 조건의 금리스왑계약을 체결하였다.

즉, S사는 보유 중인 부채의 금리구조상 고정금리 비중이 너무 커, 이를 조정하기 위한 목적으로 금리스왑계약을 체결한 것이며(부채의 포트폴리오 구성) 스왑계약 체결 후 예상대로 시장금리가 하락한다면 S사는 자금조달 비용을 절감하는 결과를 얻게 된다.

chapter 04

통화스왑

section 01 통화스왑 개요

1981년 세계은행과 IBM 간의 최초 스왑은 통화스왑의 형태로 중개되었다. 각 기관이 갖고 있는 비교우위를 이용하여 자금의 차입코스트를 줄이기 위한 목적으로 거래되었는데, 원금의 교환을 수반한다는 점에서 금리스왑과 비교되었다. 즉, 금리스왑은 원금의 교환없이 스왑기간 중 서로 다른 기준의 금리 교환만 실행되는 데 반해 통화스왑은 기본적으로 원금의 교환을 전제로 하여 거래되며 금리 교환도 함께 이루어진다. 금리스왑이 단지 금리리스크만을 헤지하기 위한 상품이라면, 통화스왑은 환리스크의 헤지를 우선으로 금리리스크까지 회피하기 위한 파생상품으로 환율 변동이 심한 요즘 매우 활발하게 거래되는 대표적인 파생금융상품이다.

통화스왑(Cross-currency Interest Rate Swap : CRS)이란 두 거래당사자가 일정한 계약기간 동안 이종통화(different currencies)의 일정한 원금에 대한 이자지급을 주기적으로 서로 교환하고, 계약만기 시 원금을 서로 교환하기로 하는 계약을 말한다. 거래 시초 시의 원금 교환은 필요한 경우에만 이루어지는데, 외국 통화로 신규 차입이나 신규 투자를 하는 경우에는 반드시 자국 통화로의 원금 교환이 이루어지나, 기존 자산이나 부채의 원금에 대해 통화스왑을 계약하는 경우 초기의 원금 교환은 현물시장에서의 반대거래를 통해 상쇄하여 원금 교환을 생략하는 것이 일반적이다. 〈그림 4-1〉은 전형적인 통화스왑의 거래구조를 보여 주고 있는데 거래당사자

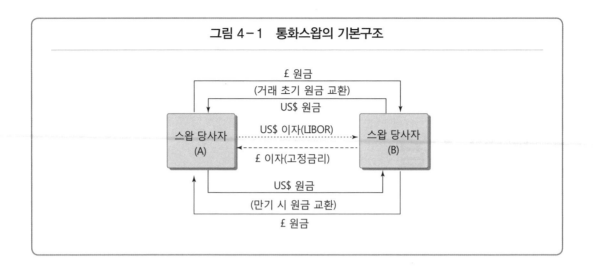

그림 4-1 통화스왑의 기본구조

£ 원금
(거래 초기 원금 교환)
US$ 원금

스왑 당사자 (A)
US$ 이자(LIBOR)
£ 이자(고정금리)
스왑 당사자 (B)

US$ 원금
(만기 시 원금 교환)
£ 원금

A는 거래당사자 B와 미달러화 대 영국 파운드화 간의 통화스왑계약을 체결하였다. A는 거래 초기 달러화를 수취하고 대신 파운드화를 지급하였는데 이때의 원금 교환 시 적용환율은 당시의 현물환율(spot rate)을 사용한다.

거래 초기 달러/파운드 간의 원금 교환은 거래당사자들의 필요에 의해 선택적으로 이루어지는데, 교환을 원하지 않을 경우는 반대방향의 별도 현물환 거래에 의해 원금 교환을 상쇄하여 통화스왑의 초기 원금 교환을 생략할 수도 있다. 초기 원금 교환 이후 두 거래당사자는 스왑기간 중 일정기간마다 사전에 합의된 조건의 금리 교환을 하여야 하는데, A는 초기에 수취한 달러화에 대하여는 이자(예 : LIBOR)를 지급하고 대신 초기에 원금을 지급한 파운드화에 대해 이자(예 : 고정금리)를 수취해야 한다. 반대로 B의 경우는 초기에 수취한 파운드화 원금에 대해 이자(예 : 고정금리)를 지급하고 대신 원금을 지급하였던 달러화에 대한 이자(예 : LIBOR)를 수취하게 된다.

한편 스왑만기가 되면 두 당사자는 초기의 원금 교환방향과 반대의 방향으로 원금 교환을 하여야 한다. 즉, A는 달러 원금을 지급하고 파운드화 원금을 수취하게 되며, B의 경우는 파운드화 원금을 지급하고 대신 달러 원금을 수취해야 한다. 만기 시 원금 교환에 적용되는 환율은 거래 초기의 원금 교환에 적용하였던 환율, 즉 거래 초기의 현물환율을 그대로 사용한다. 이를 정리하면 통화스왑이란,

❶ 양 거래당사자 간의 계약으로서(two counterparties)

❷ 각 거래당사자는 거래 초기에 상대방에게 이종통화 간 원금을 교환하고(initial principal

exchange of different currencies)

❸ 스왑기간 중 상대방에게 주기적으로 이자를 지급하기로 약정하되(periodic interest pay-ment)

　ㄱ. 미래의 일정기간마다 특정 시점에

　ㄴ. 초기에 교환한 통화의 원금에 대하여

　ㄷ. 수취한 원금에 대한 이자를 지급하고 지급한 원금에 대해서는 이자를 수취하기로 약정하는데

　ㄹ. 한쪽은 고정금리이고 다른 한쪽은 변동금리이거나, 양쪽 다 고정금리 혹은 양쪽 다 변동금리일 수도 있으며

❹ 만기 시에는 초기의 원금 교환과 반대방향의 원금 교환을 항상 해야한다.

section 02 　통화스왑의 기본 유형

통화스왑의 종류에는 크게 세 가지가 있다. 금리 교환의 유형을 기준으로 이종통화 간 고정금리와 고정금리를 교환하는 currency swap, 이종통화 간 고정금리와 변동금리를 교환하는 cross currency coupon swap, 그리고 이종통화 간 변동금리와 변동금리의 이자지급을 교환하는 cross currency basis swap 등으로 구분할 수 있다. 가장 기본적인 통화스왑 유형은 cross currency coupon swap인데 통상 통화스왑이라 하면 바로 이를 지칭한다. 특히 US$의 변동금리(6개월 LIBOR가 가장 일반적)와 이종통화의 고정금리 간 스왑이 가장 일반적인 형태의 통화스왑이다. 통화스왑시장의 거래 대부분이 바로 US$ 변동금리와 이종통화 고정금리 간의 cross currency coupon swap이라고 할 수 있으며 통화스왑시장은 바로 이 형태의 거래 중심으로 발전하여 왔다. 다음으로는 US$ 변동금리와 이종통화 변동금리 간의 교환형태인 cross currency basis swap이 많이 거래되며, US$ 고정금리와 이종통화 고정금리 간의 거래는 그렇게 흔한 형태의 통화스왑은 아니다.

그림 4-2   통화스왑의 세 가지 유형

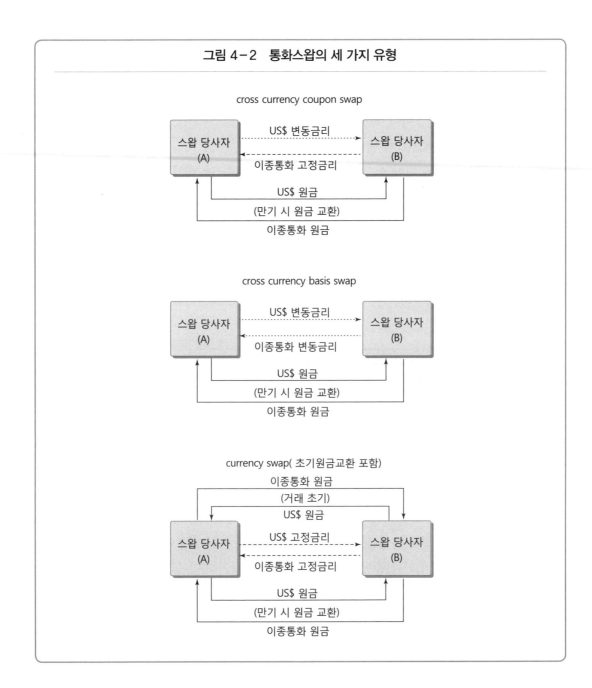

장기 선물환과 통화스왑의 비교

일반 선물환(outright forward exchange)거래는 외환(foreign exchange)시장과 단기자금시장(money market)을 이용하여 현물환율과 두 통화의 이자율이 조합되어 가격이 형성되는 시장 메커니즘을 가지고 있다. 즉, 선물환율은 거래하고자 하는 양 통화의 금리 차이를 환율 단위로 환산(이를 forward point 혹은 swap point라고 함)하여 이를 현물환율에 가감하여 결정하게 된다. 시장기능이 충분히 작용하는 상황에서는 외환시장과 자금시장이 서로 유기적으로 작용하면서 선물환시장을 형성하게 된다. 선물환의 일종인 외환스왑(FX swap)거래는 두 거래당사자가 거래금액은 동일하나 거래방향이 서로 상반되는 두 개의 외환거래(통상 현물환+선물환)를 동시에 실행하는 외환거래이다.

외환스왑 거래 시 환율은 현물환 거래에는 현물환율을, 선물환 거래에는 해당 기간의 선물환율을 적용한다. 따라서 일반(outright)선물환 거래 시 적용하는 선물환율과 외환스왑 시 적용하는 선물환율은 서로 같은데, 앞서 설명했듯이 현물환율에 두 통화의 금리 차이를 정산하여 선물환율이 결정된다.

통화스왑거래는 두 거래상대방이 거래방향을 반대(현물환 매입 & 선물환 매도 또는 현물환 매도 & 선물환 매입)로 하여 현물환 거래와 선물환 거래를 동시에 계약한다는 면에서 외환스왑 거래와 같으나, 만기 시 교환되는 원금(선물환)에 대한 적용환율이 다르다는 점이 가장 큰 차이점이다. 즉, 외환스왑거래와 달리 통화스왑거래의 미래 원금 교환은 선물환율이 아니라 현물환율(계약 초기의 환율)로 이루어진다는 점이다. 다시 말해 외환스왑 거래에서는 계약기간 중 금리 교환(금리차 정산) 없이 만기 원금 교환 시 두 통화의 금리차이를 한꺼번에 정산하여 결정한 선물환율이 적용되지만, 통화스왑거래에서는 스왑기간 중 두 통화의 금리 교환(금리차 정산)을 한 후 스왑만기 시 거래 초기의 환율(현물환율)을 그대로 사용하여 원금을 재교환하게 된다.

통상 계약기간이 단기(1년 이내)인 경우는 일반 선물환이나 외환스왑시장을 이용하고 장기(1년 이상)인 경우에는 통화스왑을 이용하게 된다. 만기 1년 이상의 장기 선물환 시장은 시장유동성이 충분하지 않아 가격 경쟁력이나 거래 편의성에 문제가 있어 통화스왑시장을 이용하여 거래가 이루어지는 편이다. 〈표 4-1〉에 정리되어 있듯이 장기 선물환과 외환스왑, 통화스왑은 계약기간 중 금리를 교환(금리차 정산)하는가의 여부에 따라 거래절차가 다르지만 기본적으로는 서로 유사한 성격의 상품이라고 할 수 있다.

표 4-1 통화스왑과 장기 선물환, 외환스왑의 비교

	통화스왑	장기 선물환	외환스왑
이자 및 원금의 교환 여부	이자와 원금의 교환을 수반함	이자의 교환없이 원금의 교환만 이루어짐	이자의 교환없이 원금의 교환만 이루어짐
원금의 교환 시기 및 적용 환율	시초 시 원금교환은 선택적이나 만기 교환은 필수적임 (현물환율 적용)	시초 시 원금교환은 없으며, 만기 시에만 교환됨 (선물환율 적용)	시초 교환은 현물환율로, 만기 교환은 선물환율로 반드시 교환됨
거래 예	US\$/원화 통화스왑 * 원금 교환 환율(예) －시초 @1100.00 －만기 @1100.00 * 이자 주기적 교환	US\$/원화 장기 선물환 * 만기 시에만 원금 교환(예) @1130.00 * 계약기간 중 이자교환 없음	US\$/원화 외환스왑 * 원금 교환 환율(예) －시초 @1100.00 －만기 @1130.00 * 이자 교환 없음

section 04 통화스왑의 가격 고시

1 Cross Currency Coupon Swap 가격

금리스왑의 가격결정이란 변동금리와 교환(swap)되는 고정금리를 정하는 것을 말하며, 금리스왑의 고정금리를 가리켜 스왑레이트(swap rate)라고 부른다는 것은 이미 설명하였다. 금리스왑에서는 원금의 교환이 없기 때문에 환율 관련 부분이 가격결정에 전혀 반영되지 않으나, 통화스왑거래에는 원금의 교환이 매우 중요한 가격결정 요인으로 작용하게 된다. 가장 일반적인 통화스왑 형태는 US\$의 변동금리(특히 6개월 LIBOR)와 이종통화의 고정금리를 교환하는 cross currency coupon swap이라고 앞서 설명하였다.

다시 말해 스왑기간 중 일정기간마다 결정되는 US\$의 변동금리(6개월 LIBOR)와 상대하여 스왑기간 중 얼마의 이종통화 고정금리를 일관되게 수수할 것인가가 통화스왑의 가격인 것이다. 금리스왑의 경우 스왑레이트는 금리스왑과 만기가 같은 채권(통상 국채)의 수익률과 비슷한 수준에서 결정되듯이 통화스왑의 경우에도 해당 이종통화의 채권(국채) 수익률을 기준으로 하여 다른 가격결정 요인이 반영되어 해당 이종통화의 고정금리 수준, 즉 통화스왑 가격이 고시

표 4-2 국내 스왑시장의 통화스왑(쿠폰스왑) 고시 가격 예

기간(만기)	원화고정금리(%, Actual/365) vs US$ 6m LIBOR
1년	3.30－3.20
2년	3.38－3.15
3년	3.42－3.28
4년	3.58－3.40
5년	3.75－3.55

된다.

　스왑딜러들은 스왑의 bid rate와 offer rate의 two-way price로 스왑의 가격을 제시(quote)하는데, bid rate란 스왑딜러가 US$의 변동금리를 수취하는 대신 지급(pay)하려는 이종통화의 고정금리를 말하고, offer rate란 스왑 딜러가 US$의 변동금리를 지급하고 이와 교환하여 수취(receive)하고자 하는 이종통화 고정금리를 말한다. 스왑딜러가 two-way(offer/bid) quotation으로 가격을 고시하는 경우 'receive high/pay low'의 원칙이 적용되며 따라서 고객 입장에서는 은행이 고시하는 통화스왑의 two-way가격을 이용하여 거래하고자 하는 경우 스왑딜러와는 반대 입장, 즉 'receive low/pay high'의 원칙을 수용해야 한다.

　〈표 4-2〉는 US$의 변동금리(6개월 LIBOR)와 교환하여 거래되는 원화의 고정금리 통화스왑(쿠폰스왑) 가격을 예시하고 있다. 고객 입장에서 만기 3년의 미달러화 대 원화의 통화스왑거래를 통해 원화 고정금리를 지급(US$ 변동금리 수취)하고자 한다면 3.42%를 지급해야 한다. 한편 고객이 3년간 원화 고정금리를 수취(US$ 변동금리 지급)할 수 있는 통화스왑 가격은 3.28%가 된다.

　〈표 4-2〉의 국내 은행 간 통화스왑시장의 3년 만기 가격(중간 가격 기준 3.35%)은 앞서 금리스왑에서 살펴본 3장 〈표 3-3〉의 원화 금리스왑의 3년 만기 가격인 '4.70%(중간 가격 기준)'에 비해 약 1.35% 정도 낮다는 것을 알 수 있다. 이는 전 세계 기축통화인 미달러화와 교환되는 통화스왑의 경우 원화금리 수준이 정상적인 원화금리보다 낮다는 것을 의미하는데 이에 대한 의미는 뒤에서 설명하기로 한다.

표 4-3 국내 스왑시장의 통화스왑(베이시스 스왑) 고시 가격 예

기간(만기)	US$변동금리 vs 원화 변동금리 Spread(bp) over KRW 3m CD yield
1년	−96 / −101
2년	−116 / −124
3년	−130 / −140
4년	−144 / −158
5년	−147 / −163

2 Cross Currency Basis Swap 가격

통화스왑거래의 일종인 Cross currency basis swap은 미달러화 변동금리와 이종통화의 변동금리 간 교환되는 통화스왑을 말한다. 〈표 4-3〉의 US$/원화 간 베이시스 스왑의 Offer/Bid 가격은 U$변동금리(6개월 LIBOR)와 교환될 원화의 변동금리(3개월 CD금리)에 가산된 스프레드가 고시된 것이다. 〈표 4-3〉에서 볼 수 있듯이 가격인 '스프레드'가 '마이너스 스프레드'로 고시되어 있어 원화 변동금리인 3개월 CD금리에서 일정 스프레드를 차감하고 수취하거나 지급하게 된다. 여기서도 'receive high/pay low'의 원칙이 적용되어 가격 고시 주체인 은행 입장은 3년 만기 가격의 경우 향후 3년간 '원화 변동금리에서 130bp(1.30%)를 차감한 금리(즉 3개월 CD−1.30%)를 수취하고 대신에 US$ LIBOR를 지급'하거나(Offer 가격), '원화 변동금리에서 1.40%를 차감한 금리(즉 3개월 CD−1.40%)를 지급하고 대신에 US$ LIBOR를 수취'하게 된다(Bid 가격).

한편 가격 제시 은행과 반대 입장인 고객은 '원화 변동금리에서 130bp(1.30%)를 차감한 금리(즉 3개월 CD−1.30%)를 지급하고 대신에 US$ LIBOR를 수취'하거나(Offer 가격), '원화 변동금리에서 1.40%를 차감한 금리(즉 3개월 CD−1.40%)를 수취하고 대신에 US$ LIBOR를 지급'해야 한다(Bid 가격).

앞서 설명하였듯이 US$화와 교환되는 원화의 고정금리(쿠폰스왑 가격)도 정상적인 원화 금리 수준보다 낮다고 하였는데, 두 통화의 변동금리 간 교환인 베이시스 스왑의 가격도 원화변동금리 수준보다 1.30%~1.40% 낮은 수준에서 교환되고 있음을 알 수 있다. 이는 미달러화가 세계의 기축통화로서 역할을 하고 있기 때문인데, 이런 기축통화인 미달러화와 교환하여 사용

하려면 다른 통화들의 경우 각 통화가 지니고 있는 국가위험(country risk) 수준만큼의 금리할인(discount)이 발생한다고 보면 된다. 이것은 마치 국내기관이 해외에서 미달러화를 차입하는 경우에 차입기간에 따라 가산금리(스프레드)를 추가로 지급해야 하는 시장원리와 같다고 하겠다.

section 05 통화스왑의 기본적 이용

1 차입자 입장에서의 이용

우리나라 기업의 경우 외화(US$)표시의 부채를 가지고 있을 때, 외화의 강세(환율 상승)가 예상되고 원화의 금리 하락이 예상되는 경우, 원화의 변동금리 지급자로 통화스왑을 하면 환위험을 회피하고 차입비용의 감소를 기대할 수 있다. 〈그림 4-3〉의 경우는 고정금리 외화부채를 보유한 기업이 달러화 대 원화 간 통화스왑(cross currency coupon swap)을 통하여 고정금리 외화부채를 변동금리 원화부채로 전환한 경우이고, 〈그림 4-4〉는 통화스왑(cross currency basis swap)을 통해 변동금리 외화부채가 변동금리 원화부채로 전환된 경우를 보여 주고 있다.

한편 우리나라 기업의 경우 외화(US$) 표시의 부채를 가지고 있을 때, 외화의 강세(환율 상승)가 예상되고 원화의 금리 상승이 예상되는 경우, 원화의 고정금리 지급자로 통화스왑을 하면

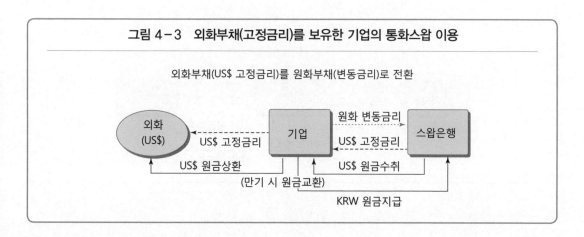

그림 4-3 외화부채(고정금리)를 보유한 기업의 통화스왑 이용

외화부채(US$ 고정금리)를 원화부채(변동금리)로 전환

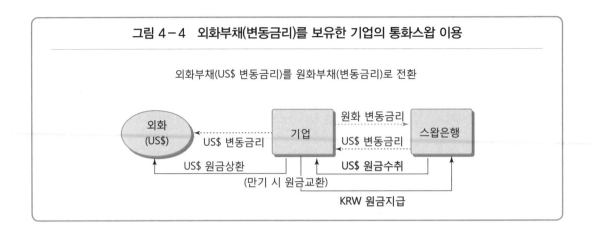

그림 4-4　외화부채(변동금리)를 보유한 기업의 통화스왑 이용

외화부채(US\$ 변동금리)를 원화부채(변동금리)로 전환

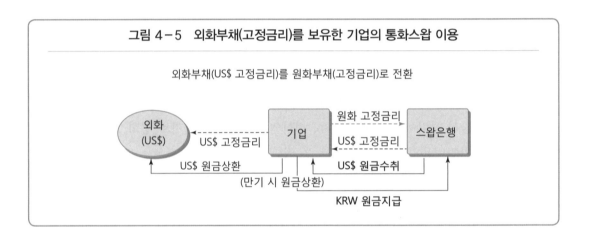

그림 4-5　외화부채(고정금리)를 보유한 기업의 통화스왑 이용

외화부채(US\$ 고정금리)를 원화부채(고정금리)로 전환

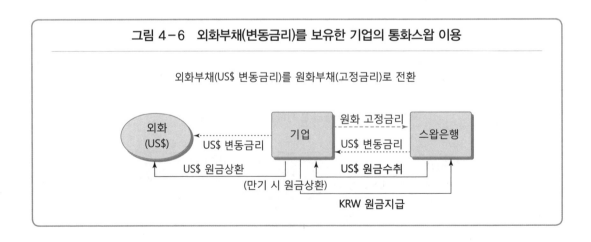

그림 4-6　외화부채(변동금리)를 보유한 기업의 통화스왑 이용

외화부채(US\$ 변동금리)를 원화부채(고정금리)로 전환

환위험을 회피하고 차입비용의 증가를 예방할 수 있다. 〈그림 4-5〉의 경우는 고정금리 외화부채를 보유한 기업이 달러화 대 원화 간 통화스왑(currency swap)을 통하여 고정금리 외화부채를 고정금리 원화부채로 전환한 경우이고, 〈그림 4-6〉은 통화스왑(cross currency coupon swap)을 통해 변동금리 외화부채가 고정금리 원화부채로 전환된 경우를 보여 주고 있다.

2 투자자 입장에서의 이용

우리나라 투자자의 경우 외화(US$) 표시의 자산을 가지고 있을 때, 외화의 약세(환율 하락)가 예상되고 원화의 금리 하락이 예상되는 경우, 원화의 고정금리 수취자로 통화스왑을 하면 환위험을 회피하고 투자수익의 감소를 예방할 수 있다. 〈그림 4-7〉의 경우는 고정금리 외화자산을 보유한 기업이 달러화 대 원화 간 통화스왑(currency swap)을 통하여 고정금리 외화자산을 고정금리 원화자산으로 전환한 경우이고, 〈그림 4-8〉은 통화스왑(cross currency coupon swap)을 통해 변동금리 외화자산이 고정금리 원화자산으로 전환된 경우를 보여 주고 있다.

한편 우리나라 투자자의 경우 외화(US$)표시의 자산을 가지고 있을 때, 외화의 약세(환율하락)가 예상되고 원화의 금리 상승이 예상되는 경우, 원화의 변동금리 수취자로 통화스왑을 하면 환위험을 회피하고 투자수익의 증가를 기대할 수 있다. 〈그림 4-9〉의 경우는 고정금리 외화자산을 보유한 기업이 달러화 대 원화 간 통화스왑(cross currency coupon swap)을 통하여 고정금리 외화자산을 변동금리 원화자산으로 전환한 경우이고, 〈그림 4-10〉은 통화스왑(cross currency basis swap)을 통해 변동금리 외화자산이 변동금리 원화자산으로 전환된 경우를 보여 주고 있다.

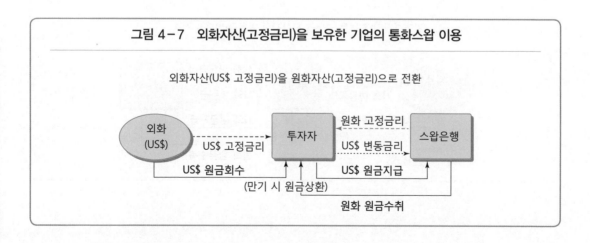

그림 4-7 외화자산(고정금리)을 보유한 기업의 통화스왑 이용

외화자산(US$ 고정금리)을 원화자산(고정금리)으로 전환

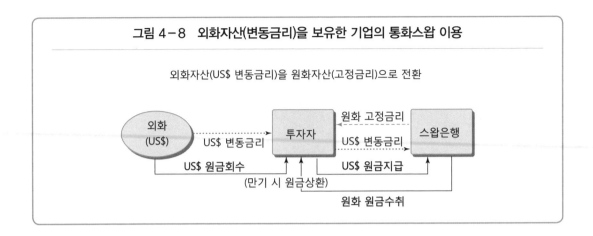

그림 4-8 외화자산(변동금리)을 보유한 기업의 통화스왑 이용

외화자산(US$ 변동금리)을 원화자산(고정금리)으로 전환

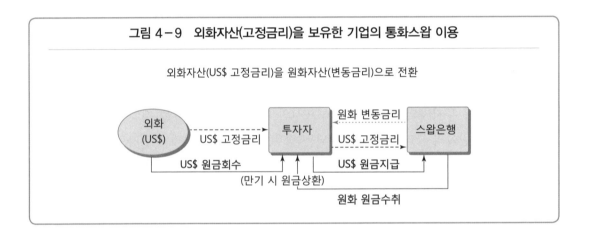

그림 4-9 외화자산(고정금리)을 보유한 기업의 통화스왑 이용

외화자산(US$ 고정금리)을 원화자산(변동금리)으로 전환

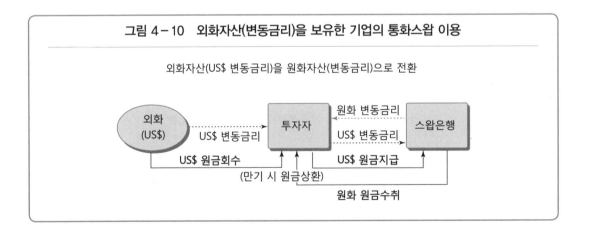

그림 4-10 외화자산(변동금리)을 보유한 기업의 통화스왑 이용

외화자산(US$ 변동금리)을 원화자산(변동금리)으로 전환

통화스왑의 거래동기 및 활용

통화스왑은 금리스왑보다 훨씬 다양한 목적으로 이용할 수 있으나 기본적인 거래동기는 외화자산이나 외화부채의 보유에 따른 환리스크를 헤지하는 데 있다. 특히 만기가 긴 외화부채를 기채하는 경우 조달 코스트를 절감하기 위한 목적과 운용 외화자산의 수익률을 높이기 위한 전략으로 통화스왑이 많이 이용된다.

1 최고의 비교우위가 있는 자본시장을 통한 자금조달

금리스왑의 경우처럼 통화스왑도 자금조달 시 차입 코스트를 절감하기 위한 목적으로 많이 활용된다. 특히 통화스왑은 조달이 가능한 어느 통화이건 가장 비교우위가 있는 통화를 선택하여 차입한 후 원하는 통화로 바꾸는 통화스왑계약을 이용하면 차입코스트를 줄일 수 있는 기회가 많다. 통화스왑은 원래 환위험의 헤지를 위한 상품으로 도입되었으나, 오늘날에는 자본시장의 불완전성(capital market imperfections)을 이용하여 차입비용의 감소를 가져오는 신규차입 재정(new issue arbitrage)의 수단으로 널리 활용되고 있다.

지금 기업 A와 기업 B가 각각 US$ 5천만 달러 규모의 신규차입을 계획하고 있는데, 기업 A는 변동금리 US$의 차입을, 그리고 기업 B는 고정금리 스위스 프랑(CHF)의 차입을 원하고 있는 상황에서 시장에서의 두 기업의 차입비용은 다음과 같다고 하자.

	고정금리 CHF 차입시장	변동금리 US$ 차입시장
기업 A	5.50 %	LIBOR+0.375 %
기업 B	6.125 %	LIBOR+0.125 %
금리차	0.625 %	−0.250 %

위의 경우 기업 A는 스위스 프랑 고정금리 차입에 비교우위를 가지고 있고, 기업 B는 US$ 변동금리 차입에 비교우위를 가지고 있다. 이와 같은 경우 두 기업은 자신이 원하는 조건의 자금차입을 직접 실행하는 대신 각각 상대기업보다 차입조건이 유리한 시장에서 차입한 다음 통화스왑을 체결함으로써 차입비용을 경감시키면서 원하는 자금차입을 할 수 있다. 즉, 기업 A는 고정금리 CHF를 5.50%에 차입하고, 기업 B는 변동금리 US$를 LIBOR+0.125%에 차입하

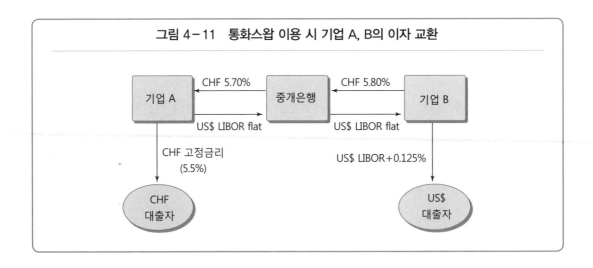

그림 4-11 통화스왑 이용 시 기업 A, B의 이자 교환

여 원금과 이자지급을 교환하는 통화스왑을 하면 두 기업 모두 이익을 얻을 수 있다.

금리스왑과 마찬가지로 통화스왑은 중개은행의 알선을 통해 이루어진다. 이때 중개은행은 6개월 US$ LIBOR flat(가산금리가 없는 경우를 말함)에 대해 중개은행이 지급(bid)하고 수취(offer)하는 CHF의 고정금리로 스왑레이트를 제시하는데, 예를 들어 '5.70%/5.80%'는 중개은행이 기업 A에게 5.70%를 지급하고 기업 B로부터 5.80%를 수취하겠다는 것을 말한다. 여기서 'bid-offer'의 차이인 0.10%가 중개은행의 중개수익이 된다.

이제 중개은행을 통해 환율 1 US$=1.5 CHF, 5.70%/5.80%의 통화스왑 가격으로 만기 5년의 통화스왑이 체결되었다고 하면, ① 거래일에 기업 A는 7천 5백만 스위스 프랑을 기업 B에게, 기업 B는 US$ 5천만 달러를 기업 A에게 중개은행을 통해 지급하고, ② 5년 동안 두 기업은 〈그림 4-11〉에서와 같이 이자지급을 교환하고, ③ 두 기업은 만기일에 거래 초기 교환한 금액과 같은 금액의 US$와 스위스 프랑 원금을 반대방향으로 상환한다.

이와 같은 과정을 통해 기업 A는 고정금리로 CHF차입을 하였지만 사실상 변동금리로 US$를 차입한 것과 같고, 기업 B의 입장은 변동금리로 US$를 차입하였으나 고정금리로 CHF를 차입하고자 한 원래의 목적을 달성한 것이다.

위의 통화스왑으로 두 기업이 얻게 되는 차입비용의 감소는 다음과 같이 나타난다.

기업 A는 스위스 프랑에 대해 5.70%의 금리를 수취하고 5.50%의 금리를 지급하므로 0.20%의 금리이익을 얻는다. 한편 US$에 대해서는 LIBOR flat을 지급하므로 변동금리 US$에 대한 차입비용은 'LIBOR-0.20%'라고 말할 수 있다. 이것은 변동금리 US$를 직접 차입할 때의 비용인 LIBOR+0.375%보다 0.575%가 싸다. 한편 기업 B는 US$에 대해 LIBOR flat을 수취하고

표 4-4　기업 A와 B의 통화스왑 이용 예시

	기업 A	기업 B	중개은행
금리수입	5.70%	LIBOR	5.80%, LIBOR
금리지급	5.50%	5.80%	5.70%, LIBOR
	LIBOR	LIBOR+0.125%	
실효 차입금리	LIBOR-0.20%	5.925%	
기존 차입금리	LIBOR+0.375%	6.125%	
금리이익	0.575%	0.20%	
중개수익			0.10%

LIBOR+0.125%를 지급하므로 US$에 대해서는 0.125%의 금리 손실을 본다. 그러나 고정금리 스위스 프랑화를 직접 차입할 때의 6.125%보다 0.325%가 낮은 5.80%의 금리를 부담하므로, 스위스 프랑의 실효 차입비용은 '5.925%'로 0.20%의 금리를 경감시킬 수 있다(US$의 1bp와는 CHF의 1bp가 동일하다고 가정).

2 　장기 외화부채의 환리스크 관리

만기가 긴 외화부채를 보유하고 있는 기업의 경우 일정 시점(예, 회계결산시)마다 보유 외화부채를 자국 통화로 환산해야 한다. 이때 자국 통화가 절하되고 부채의 표시 외화가 절상된 경우 환율 변화로 인한 평가손실이 불가피해진다. 물론 외화표시 부채평가 시 나타나는 평가손실은 실제 현금흐름을 수반하지는 않는 장부(회계)상의 손실이지만 기업 본연의 기업활동으로 인한 경상거래 손익에 영향을 주게 되므로 이를 관리하기 위한 목적으로 통화스왑이 이용된다. 앞서 설명한 것처럼 장기 US$부채를 가지고 있는 우리나라 기업의 경우 통화스왑을 통해 원화부채로 전환하게 되면 부채상환 시까지 환율 변화로 인한 평가손실의 부담을 회피할 수 있다.

장기 외화부채를 가지고 있는 기업의 경우 평가이익을 확정할 목적으로 통화스왑을 이용하기도 한다. 예를 들어 US$/원화 환율이 1,200원인 시점에 외화(US$)차입을 한 우리나라 기업이 원화절상으로 US$환율이 1,000원으로 변했다면, 이때 통화스왑을 통해 US$부채를 원화부채로 바꿀 경우 US$ 1달러당 200원의 환차익을 확정하게 된다. 이후의 추가적인 환율 변동과 관계없이 이 기업의 US$부채로 인한 평가이익(US$ 1달러당 200원)을 확정하는 효과가 있는 것이다.

3 환리스크의 우려 없이 자산구성(portfolio)의 다양화

흔히 통화스왑은 외화표시 부채를 관리하는 데 이용하는 부채스왑(liability swap)으로만 생각하기 쉬우나 외화자산을 관리할 목적(asset swap)으로도 활용된다. 다국적 투자활동을 하는 투자자가 특정 통화 표시의 외화자산 비중이 크다고 판단할 경우 자신이 원하는 다른 통화표시의 자산으로 전환하는 데 통화스왑은 유용하게 이용된다. 우리나라의 경우 보험사나 연기금 등 기관투자자가 자산운용수단을 다양화하기 위해 외화자산에 투자하는 경우 미래의 외화자산 회수 시점에 환율이 변한다면 환손실을 입게 된다. 〈그림 4-12〉는 국내의 A보험사가 만기 3년의 외화자산을 매입하는 경우 환리스크 헤지를 위해 통화스왑을 이용하는 예를 보여 주고 있다.

거래 초기 A보험사는 외화자산(액면금액 US$ 2천만 달러) 투자원금 US$ 1천 9백 8십만 달러가 필요한데 이를 스왑딜러로부터 수취하고 대신 원화원금 198억 원(환율 1,100원 기준)을 지급한다. 외화자산을 보유하게 된 A보험사는 이후 6개월마다 외화자산 운용수익으로 US$의 변동

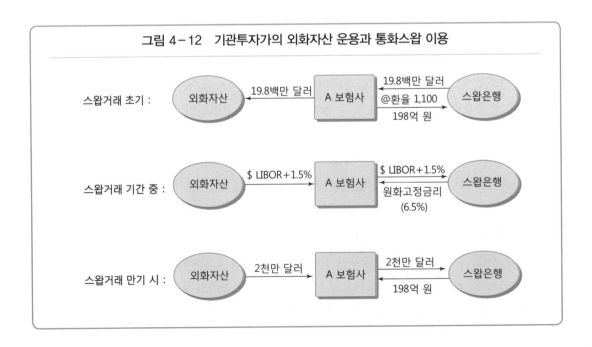

그림 4-12 기관투자가의 외화자산 운용과 통화스왑 이용

금리(LIBOR+1.5%) 이자를 수령하게 되며 외화자산 만기 시 US$ 2천만 달러의 외화원금을 돌려받게 된다. 통화스왑을 통해 A보험사는 외화자산으로부터 수령하는 이자를 스왑딜러에 넘겨주고 대신 스왑 초기에 지급한 원화 원금(198억 원)을 기준으로 고정금리(6.5%)를 받게 되며, 스왑만기 시 외화자산 상환원금 US$ 2천만 달러를 스왑딜러에 지급하고 대신 스왑 초기에 자신이 지급했던 원화금액과 동일한 198억 원을 돌려받게 된다.

A보험사 입장에서 보면 외화자산을 보유하지만 원화 원금 198억 원을 투자해 일정 이자를 수령하다가 만기 시 투자원금 198억 원을 회수하는 형태의 원화투자 효과를 거둔 것이다. 통화스왑을 통해 환리스크를 회피함은 물론 초기 투자원금과 만기 상환금액이 US$금액 기준으로는 서로 다르지만 통화스왑거래 후 원화금액 기준으로는 각각 198억 원으로 동일하게 하여 현금흐름까지 조정한 결과를 얻게 된 것이다.

chapter 05

변형 스왑거래

section 01 | 거래금액의 변형

지금까지는 표준적인 스왑(generic swap, plain vanilla swap)에 대해 설명하였다. 그러나 스왑에는 거래조건이 여러 가지 형태로 변형된 비표준 스왑(nongeneric swap) 또는 변형스왑(exotic swap)이 있는데, 거래금액이나 swap rate 또는 거래 개시 시점 등에 있어 변형된 형태로 거래하기도 한다.

금리스왑은 이자지급의 기준이 되는 명목원금이 계약기간 동안 일정한 것이 일반적이다. 그러나 계약기간 동안 명목원금이 단계적으로 증가하거나 감소하는 스왑이 있는데, 이를 각각 accreting swap과 amortizing swap이라고 부른다. 한편 계약기간 동안 명목원금이 증감하는 스왑을 가리켜 roller-coaster swap이라 부른다.

스왑기간 중 거래금액이 변화되는 변형스왑 중에 가장 일반적인 형태가 amortizing swap이다. 우리나라 기업의 경우 환리스크 헤지를 위해 외화부채를 원화부채로 전환하고자 할 때, 기존 외화부채의 원금이 분할 상환되는 조건이라면 스왑금액도 외화부채금액의 상환에 따라 감소해야 하기 때문이다. 예를 들어 A기업은 1년 전 US$ 3천만 달러의 외화차입을 하여 그동안은 이자만 지급하여 왔으나 향후 3년간은 3개월마다 원금을 균등 분할하여 상환해야 하는 입장이다. 환율 상승 시의 환리스크 방지를 위해 현재의 외화부채를 원화부채로 전환하기 위한 통화스왑을 다음과 같이 실행하였다.

A기업의 amortizing swap 거래 예

① 거래금액 : US$ 30,000,000

② 스왑거래기간 : 3년

③ 통화스왑거래기간 중 현금흐름 개요

ㄱ. 거래 초기 원금 교환 : A사가 US$원금(3천만 달러)을 지급하고 대신 원화 원금(330억 원)을 수취함(적용환율 ⇒ 스왑거래 계약 당시 현물환율 1,100원 기준)

ㄴ. 현물환 시장의 반대거래를 통해 초기 원금 교환은 생략함

ㄷ. 거래기간 중 이자 교환 : A사가 외화 금리(3m LIBOR + 1.50%)수취하고 대신 원화 고정금리(7.95%)를 지급함

ㄹ. 거래기간 중 원금 교환 : A사가 3개월마다 US$ 2백 5십만 달러를 수취하고 대신 원화(27억 5천만 원)를 지급함(적용환율 : 거래 초기 적용환율과 동일한 1,100원)

④ swap기간 중 원금 교환 일정(A사 입장)

	US$ 현금흐름	원화 현금흐름	swap 잔액(US$)
스왑 초기	(30,000,000.00)	33,000,000,000	30,000,000.00
3개월 후	2,500,000.00	(2,750,000,000)	27,500,000.00
6개월 후	2,500,000.00	(2,750,000,000)	25,000,000.00
9개월 후	2,500,000.00	(2,750,000,000)	22,500,000.00
1년 후	2,500,000.00	(2,750,000,000)	20,000,000.00
1년 3개월 후	2,500,000.00	(2,750,000,000)	17,500,000.00
1년 6개월 후	2,500,000.00	(2,750,000,000)	15,000,000.00
1년 9개월 후	2,500,000.00	(2,750,000,000)	12,500,000.00
2년 후	2,500,000.00	(2,750,000,000)	10,000,000.00
2년 3개월 후	2,500,000.00	(2,750,000,000)	7,500,000.00
2년 6개월 후	2,500,000.00	(2,750,000,000)	5,000,000.00
2년 9개월 후	2,500,000.00	(2,750,000,000)	2,500,000.00
3년 후	2,500,000.00	(2,750,000,000)	0.00
Total	30,000,000.00	(33,000,000,000)	

위의 예에서 A기업은 스왑 초기에 스왑딜러에 US$ 3천만 달러를 지급하고 330억 원을 수취하는 초기 원금 교환을 하여야 하나, 지급할 US$원금을 스왑거래 당시 보유하고 있는 것이 아니므로 현물환시장을 통한 반대거래(A기업 US$ 3천만 달러 매입)를 통해 상쇄시켜 스왑거래의 초기 원금 교환을 생략하게 된다. 스왑거래 기간 중에는 3개월마다 스왑딜러으로부터 US$ 2백

5십만 달러를 수취하여 외화차입금의 원금 분할상환에 사용하고 대신 27억 5천만 원을 지급(스왑 초기 원금 교환 환율인 1,100원 적용)하여야 한다. 3개월마다 원금을 나누어 수령하므로 스왑잔액은 거래 초기 US$ 3천만 달러에서 3개월마다 2백 5십만 달러씩 감소하게 되어 3년 후 만기 시 잔액이 전부 소멸하게 된다.

이상을 정리하면 A기업은 거래 초기 US$ 3천만 달러를 지급하고 이후 3개월마다 2백 5십만 달러씩 나누어 수취하게 되며(US$ 원금 부분), 원화의 경우는 초기에 330억 원을 수취하고 이후 3개월마다 27억 5천만 원씩을 균등 분할하여 지급하게 되는 셈이다. 한편 스왑기간 중 이자교환은 3개월마다 스왑잔액에 대해 초기에 약정한 이자를 수수하게 되는데, 외화차입금의 원금 감소에 따라 스왑잔액이 감소하므로 스왑딜러로부터 수취하는 US$ 이자금액과 외화차입금 이자지급금액은 동일하게 된다. 이상을 정리하면 A은행은 원금이 균등하게 감소하는 외화차입금을 동일 조건의 amortizing swap을 이용하여 원화부채로 전환한 셈이 된다.

section 02 swap rate의 변형

일반 스왑거래의 경우 스왑거래 실행 당시 결정한 swap rate가 거래기간 중 변동 없이 동일하게 적용되는 것이 원칙이나, 당사자의 합의에 따라 스왑기간 중 1회 또는 그 이상 swap rate를 변경할 수 있다. 스왑 초기에 낮은 swap rate를 적용하다가 나중에 높이는 구조를 step-up swap이라 하고, 스왑 초기에는 높은 금리를 적용하고 스왑기간 중 금리를 낮추어 적용하는 구조를 step-down swap이라 부른다.

> **! 예시**
>
> step-up swap과 step-down swap의 거래 예
> ① 거래금액(notional principal) : 100억 원
> ② 거래기간 : 3년
> ③ 금리 교환 조건 및 거래 가격 : 회사가 3개월마다 변동금리(3개월 CD수익률)수취 조건으로 아래의 고정금리를 지급함

ㄱ. step-up swap거래의 경우

거래기간	step-up swap		일반 금리스왑 가격
	최초 12개월간 지급 고정금리	잔여기간(24개월) 동안 지급 고정금리	
3년	3.50%	4.51%	4.16%

ㄴ. step-down swap거래의 경우

거래기간	step-up swap		일반 금리스왑 가격
	최초 12개월간 지급 고정금리	잔여기간(24개월) 동안 지급 고정금리	
3년	4.40%	4.03%	4.16%

변동금리 조건의 차입자 입장에서 향후 금리 상승을 예상하고 금리스왑을 통해 변동금리를 고정금리로 전환하려고 하는 경우, 대개 스왑 초기에는 지급하는 고정금리가 수취하는 변동금리보다 높아 비용부담이 생기는 경우가 많다. 물론 차후에 예상대로 금리가 상승한다면 초기의 부담(initial cost)을 만회할 수 있으나, 스왑 초기의 비용부담을 줄이기 위해 swap rate 결정 시 초기 일정기간 동안은 낮은 swap rate를 적용하여 비용부담을 줄이고 대신 스왑거래 잔여기간 동안 높은 swap rate를 적용할 수 있다.

위의 예에서 기업은 변동금리 원화부채의 금리조건을 고정금리로 전환하고자 하였고 초기의 비용부담을 줄이기 위해 변형된 스왑구조를 이용하기로 하였다. 즉, 만기 3년의 경우 스왑거래 최초 이자기간의 변동금리(3개월 CD수익률)가 3.5%라면 일반스왑을 이용할 때 스왑초기 3개월은 기업 입장에서 3.5%를 수취하고 4.16%를 지급하여야 하므로 초기 부담이 크다. 이를 해결하기 위한 방법으로 기업은 스왑 초기 12개월간은 스왑거래 초기의 변동금리 수준인 3.5% 정도만 고정금리를 지급하고 대신 나머지 스왑기간(2년간)은 일반스왑 금리보다 높은 고정금리 4.51%를 지급하는 구조를 택한 것이다.

section 03 | 거래 개시 시점의 변형

    일반적으로 스왑거래 등 파생금융상품은 계약 체결 후 2영업일째 되는 날을 거래 개시일 (effective date)로 한다. 하지만 당사자의 사정에 따라 스왑거래 계약을 먼저 하고 스왑거래의 개시일을 미래 특정 시점(예 : 6개월 후)에 시작하는 형태로 할 수 있다. 스왑거래 계약 후 2영업일째 스왑거래 효력이 시작하는 경우를 spot start라고 부르고, 특정 시점에 스왑거래 효력이 개시되는 경우를 forward start라고 부른다.

chapter 06

스왑 가격의 결정

스왑 가격결정(swap pricing)의 기본원리

스왑은 서로 다른 조건을 가진 두 현금흐름(거래)의 교환이므로 스왑 가격의 결정은 여러 관련 금융시장의 가격을 기초로 하여 작성된 각 만기별 수익률 곡선(yield curve) 및 할인 계수(discount factor)를 이용하여 교환하고자 하는 두 가지 거래에서 발생할 미래 모든 현금흐름(cash flow)을 확정하고 현재가치로 환산하여 그 순현재가치(net present value)를 비교하는 과정이다. 다시 말해 조건이 다른 각각의 거래는 미래에 서로 다른 현금흐름을 가지고 있으므로 가격결정(pricing)을 하는 시점에서 양쪽의 미래 모든 현금흐름을 확정하고 그 개별 현금흐름의 현가(present value)를 확정하여 두 거래가 현재가치 기준으로 동일한 가치(same value)를 갖도록 조정하는 과정이다. 각 만기별로 또한 통화별로 yield curve를 계산할 수만 있다면 모든 통화에 대하여 이자율스왑 및 통화스왑의 가격결정은 동일한 방법으로 가능하다.

〈그림 6-1〉은 스왑거래의 가격결정 원리를 설명하고 있는데, 각 만기별 시장수익률을 구하여 수익률 곡선을 확정하려면 여러 관련 시장에서 시장금리를 채집해야 한다. 즉, 장단기 시장금리와 미래 금리를 확정하기 위해 자금시장(money market), 채권 특히 국채시장(bond market), 선물환시장(forward exchange market) 및 선물시장(futures market)을 통해 각 만기별 시장의 대표금

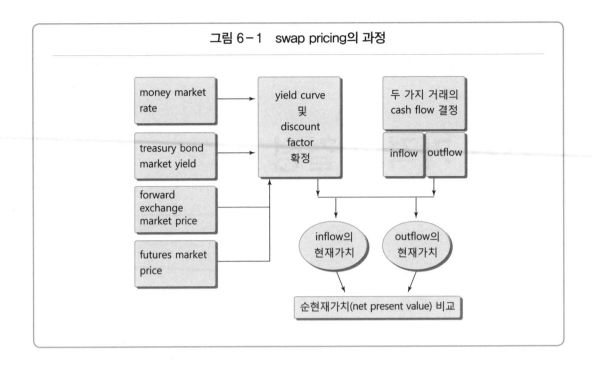

그림 6-1 swap pricing의 과정

리를 구하고, 이어서 각 만기별 금리를 사용하여 수익률 곡선을 확정한 후 이를 이용한 각 만기별 할인 계수(discount factor)를 구한다.

　다음으로는 교환하고자 하는 두 가지 다른 조건의 거래(inflow와 outflow)에서 발생할 스왑기간 중 모든 현금흐름을 확정하고 각 미래 시점의 해당 할인 계수를 적용하여 모든 현금흐름의 현재가치를 확정한다. 그리고 마지막으로 한쪽 거래(예, inflow)에서 발생하는 모든 현금흐름의 현재가치의 합계와 다른 한쪽 거래(예, outflow)에서 발생하는 모든 현금흐름의 현재가치의 합계가 서로 동일하도록 조정하는 일련의 과정이 스왑 pricing이다.

swap pricing을 위한 기초개념

미래가치와 현재가치

스왑 가격의 결정은 조건이 다른 두 가지 거래에서 미래에 발생하는 서로 다른 현금흐름을 확정하고 그 개별 현금흐름의 현가(present value)를 계산하여 두 거래가 현재가치 기준으로 동일한 가치(same value)를 갖도록 만드는 과정이라고 앞서 설명하였다. 따라서 현가의 계산은 스왑 가격산정 시 매우 중요한 개념이다. 현재가치와 미래가치는 아래와 같은 관계를 갖는다.

$$FV = P \times (1+i)^N \qquad\qquad PV = FV \times [1/(1+i/m)^n]$$

$\qquad FV$: 미래가치(Future Value) $\qquad\qquad PV$: 현가(Present Value)

$\qquad P$: principal(원금) $\qquad\qquad\qquad m$: 연간 이자지급 회수

$\qquad i$: 이자율(연리) $\qquad\qquad\qquad\quad n$: 만기까지 총 이자지급 회수

$\qquad N$: 연수

실제 스왑 pricing에서는 불연속 일복리(discontinuous daily compounding)의 현가 계산방식을 사용하는데, 제로쿠폰(zero coupon)금리(i)를 이용하여 경과일수(n)만큼 승수한 아래의 공식을 사용한다.

$$PV = \frac{FV}{(1+i)^{n/365}}$$

만기수익률

만기수익률(Yield To Maturity : YTM)이란 채권의 현재 가격과 동 채권으로부터 기대되는 미래의 모든 현금흐름(쿠폰지급 및 만기 시 상환원금)의 현재가치를 동일하게 하는 할인율을 말한다. 만기수익률은 재무관리의 내재수익률(Internal Rate of Return : IRR)과 동일한 개념이다. 어떤 채권의 가격(P)이란 동 채권을 보유할 때 보유기간 중 특정 시점(t)에 수취하게 되는 쿠폰(C_t)을 특정 할인율로 계산한 모든 쿠폰 현가의 합과 채권 만기 시 수령하는 원금(F)을 동일 할인율로

계산한 현가를 더한 금액을 말한다. 즉, 이를 정리하면 채권의 현재 가격은 아래와 같이 계산된다.

$$P = \sum_{t=1}^{T} \frac{C_t}{(1+Y)^t} + \frac{F}{(1+Y)^T}$$

　　　　P : 채권의 현재 가격

　　　　Y : 만기수익률(YTM)

　　　　C_t : t시점의 쿠폰지급액

　　　　F : 만기 시 원금

　　　　T : 만기까지의 총 쿠폰지급 회수

만기수익률은 다음과 같은 단점이 있어 정확한 현가 계산을 위해 사용될 수익률 곡선(yield curve)을 구하기 위한 이자율로 채택하기 어렵다.

첫째, 채권을 만기까지 보유하면서 모든 쿠폰 수취금액을 동일한 하나의 이자율로 재투자한다는 가정에 입각하고 있어 비현실적이다(쿠폰의 재투자 위험).

둘째, 동일한 만기의 채권이라 하더라도 채권의 표면수익률(coupon rate)이 달라지면 만기수익률(YTM)도 달라지므로 특정 기간(만기)에 대해 하나의 YTM만이 존재하는 것이 아니라 여러 개의 YTM이 존재할 수 있다.

3　spot rate(zero coupon rate)

어느 특정 기간의 spot rate는 만기까지 쿠폰지급이 전혀 없는 동일 만기 할인채의 YTM으로 정의할 수 있다. 즉, 무이표채(zero coupon bond)의 YTM이며, 따라서 zero coupon rate라고도 칭한다.

예를 들어 5년 기간의 spot rate는 5년 만기 할인채로서 중도에 이자지급이 전혀 없는 채권의 YTM으로 정의된다. zero coupon bond의 경우 만기 전 어떤 현금흐름도 발생하지 않아 이표채(coupon-bearing bond)의 YTM을 이용할 때 늘 문제가 되는 쿠폰의 재투자위험(reinvestment risk)이나 조달위험(financing risk) 등의 문제가 없는 수익률로서 금융상품의 가격결정에 많이 사용된다. 현실적으로 모든 기간에 해당하는 만기를 지닌 할인채는 존재하지 않으므로 현재 존재하는 최단기의 spot rate를 이용하여 순차적으로 보다 긴 만기의 spot rate를 구해 나가는 방법이 사용되는데, 이를 붓스트래핑(bootstrapping)이라고 부른다.

예를 들어 1년 만기의 할인채가 있고 그 YTM이 6%라 할 때, 2년 만기 할인채가 없는 상황에서 1년마다 쿠폰지급이 있는 2년 만기 채권이 있다고 가정하자. 이 2년 만기 채권의 쿠폰이 8%, 현재 가격이 100일 때, 2년 기간의 spot rate(x)는 다음과 같이 구할 수 있다.

$$100 = \frac{8}{1 + 0.06} + \frac{108}{(1 + x)^2} \Rightarrow x = 8.08\%$$

이를 일반화하면 최초 쿠폰 시점(1기)부터 ($T-1$)기까지의 spot rate가 알려져 있는 경우 T기의 spot rate는 아래 식을 통해 구할 수 있다.

$$P = \sum_{t=1}^{T} \frac{C_t}{(1 + R_t)^t} + \frac{F}{(1 + R_T)^T}$$

상기 과정을 통해 구해지는 각 기간(t시점)별 spot rate(R_t)는 credit risk가 배제된 투자를 가정할 때, 그 기간에 대해서 하나만 존재하게 되므로 해당 기간의 정확한 yield curve를 구하는 데 가장 적합한 이자율이라 할 수 있다.

---

4 | forward rate

스왑 가격의 결정을 위해서는 조건이 다른 두 가지 거래에서 미래에 발생하는 서로 다른 현금흐름을 확정하는 것이 필요하다고 하였다. 여기서 서로 다른 두 가지 조건 중 통상 한쪽은 고정금리이고, 다른 한쪽은 변동금리 조건이다. 고정금리쪽은 pricing시점에서 스왑기간 중 전체적인 현금흐름을 확정할 수 있으나, 변동금리쪽은 미래에 확정될 변동금리(LIBOR)를 사용하려면 현금흐름을 미리 확정할 수 없다. 따라서 변동금리쪽의 현금흐름은 당시 각 기간별 spot rate(제로쿠폰금리)를 적용한 수익률 곡선을 이용하여 미래의 각 이자기간(interest period)별 선도금리(forward rate)를 계산하여 적용함으로써 pricing시점에 확정할 수 있다. 미래의 특정 기간 중 적용할 금리에 대한 개념은 앞서 선도금리계약(Forward Rate Agreement : FRA)에서 자세히 설명하였으므로 여기서는 간단히 다시 정리하기로 한다. 미래의 어느 시점(t)부터 일정 시점(T)까지 일정($T-t$) 기간 동안의 대출이나 예금에 적용되는 선도금리(FR_t, T)를 현재 결정하고자 한다면($T > t$),

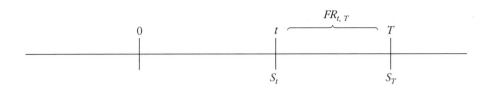

$$(1+S_T)^T = (1+S_t)^t \times (1+FR_{t,T})^{T-t}$$
$$\Rightarrow FR_{t,T} = (1+S_T)^{T/T-t}/(1+S_t)^{t/T-t} - 1$$

$\quad\quad S_t$: t시점까지의 spot rate

$\quad\quad S_T$: T시점까지의 spot rate

$\quad\quad FR_{t,T}$: forward기간(T-t) 동안 적용될 forward rate

상기한 공식에서 알 수 있듯이 최초의 forward rate가 시작되는 기간까지의 spot rate가 주어지면 forward rate가 존재하는 전 기간에 대한 spot rate가 결정된다. 현실적으로 존재하는 가장 대표적인 forward rate는 future price에서 구해지는 forward rate로서, 이를 이용해 최장 4년까지의 spot rate를 구할 수 있다. 실제의 스왑 pricing에서도 hedge의 편리함을 고려하여 future price에서 구해지는 forward rate를 많이 사용한다.

5	할인 계수(discount factor)

미래의 특정 시점에서 발생하는 cash flow의 현재가치를 구하기 위해 해당 시점까지의 spot rate를 근거로 할인 계수를 계산해야 한다. 할인 계수를 구하기 위해 필요한 금리로는 만기수익률(YTM)이나 내부수익률(IRR) 등을 이용할 수도 있으나 이들은 재투자위험(reinvestment risk)이 있으므로 이런 문제가 없는, 즉 수익률 곡선의 실제 형태를 반영하고 있는 spot rate를 할인 계수 산정을 위해 사용한다. 미래 특정 시점(t)의 할인 계수(DF_t)는 아래와 같이 구한다.

$$DF_t = 1/(1 + t기간의\ Spot\ Rate)^t$$
$$= 1/(1+S_t)^t$$

예를 들어 만기 2년, 액면 100, 매년말 10%의 쿠폰을 지급하는 채권의 현가, 즉 채권의 가격은 다음과 같이 계산된다.

$$\rightarrow P = 10/(1+S_1)^1 + 110/(1+S_2)^2 = 10 \times DF_{1.0} + 110 \times DF_{2.0}$$

다음 표에서 볼 수 있듯이 할인 계수는 미래 특정 시점에서 발생하는 cash flow '1'의 현재가치를 의미하므로 미래 특정 시점의 discount factor를 곱하여 미래 해당 시점 cash flow의 현재가치를 손쉽게 구할 수 있다.

기간	spot rate	discount factor
1년	6%	$0.9434 \{ = 1/(1+0.06)^1 \}$
2년	7%	$0.8734 \{ = 1/(1+0.07)^2 \}$
3년	8%	$0.7938 \{ = 1/(1+0.08)^3 \}$
4년	9%	$0.7084 \{ = 1/(1+0.09)^4 \}$
5년	10%	$0.6209 \{ = 1/(1+0.10)^5 \}$

6 보간법(補間法 : Interpolation)

주어진 두 기간의 금리를 이용하여 그 사이의 기간에 대한 금리를 기간 비례에 의해 계산하는 방법을 말한다. 대부분의 스왑거래에 있어서 발생하는 cash flow는 시장에서 금리가 주어지는 시점에서만 발생하는 것이 아니므로 interpolation에 의해 필요한 시점까지의 spot rate 및 discount factor를 계산해야 하는 과정이 필요한 경우가 많다. 통상 시장금리는 단기의 경우 1년까지, 장기의 경우 2년, 3년, 4년, 5년(스왑의 경우), 7년, 10년, 30년(treasury bond의 경우)만이 고시되기 때문에 기타의 기간에 대한 금리를 구하기 위해서는 보간법을 이용해 계산해야 한다.

보간법 계산 시 통상 직선보간법(linear interpolation)이 많이 사용되는데, 두 시점 T_a와 T_b의 금리가 R_a와 R_b로 주어져 있다면, $T^*(T_a < T^* < T_b)$시점의 금리 R^*는 다음 공식과 같이 계산된다.

$$R^* = \frac{(T_b - T^*)R_a + (T^* - T_a)R_b}{(T_b - T_a)}$$

위의 식에서 알 수 있듯이 T^*가 T_a에 가까워질수록 R^*는 R_a에 가까운 값을 가지게 되며, T^*가 T_b에 가까운 경우에는 R_b에 가까워지게 된다.

section 03 | swap pricing

스왑이란 서로 다른 조건을 가진 두 가지 거래에서 발생하는 미래의 모든 현금흐름의 교환이며 두 가지 거래의 모든 현금흐름의 현가(PV)를 비교하는 과정이라고 설명하였다. 서로 다른 조건(통상 고정금리 대 변동금리)의 현금흐름을 비교할 때 변동금리쪽은 미래의 각 기간별 선도금리(forward rate)를 이용한다고 하였는데, 스왑의 가격을 구하고자 할 때 우선 변동금리쪽의 현금흐름을 확정하고 변동금리쪽의 모든 현금흐름의 현가의 합과 동일한 가치(same value)를 갖게 하는 고정금리를 구하게 되며, 이 고정금리가 바로 스왑 가격(swap price 또는 swap rate)이다. 다시 말해 swap pricing이란 특정 floating index에 상응하는 fixed rate의 결정과정, 또는 특정 fixed rate에 상응하는 floating rate의 스프레드(spread) 결정과정이라고 할 수 있다.

〈그림 6-2〉에서 볼 수 있듯이 US$의 전형적인 금리스왑 가격은 변동금리(6개월 LIBOR flat)와 교환되는 고정금리가 얼마인지, 혹은 특정 고정금리(예, 6%)와 교환하기 위해서는 변동금리(6개월 LIBOR)에 얼마의 마진(margin) 또는 스프레드(spread)를 더해야 하는지를 구하는 것이다.

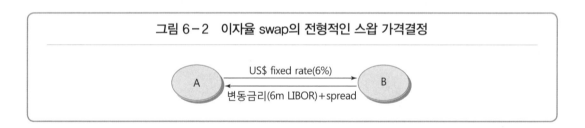

그림 6-2　이자율 swap의 전형적인 스왑 가격결정

1　가치평가의 기준

스왑거래 시 양 당사자 간에 교환되는 cash flow의 가치가 계약 시점을 기준으로 동일하도록 조정하는 과정이 스왑 pricing이라고 하였는데, 여기서 양쪽 현금흐름의 가치는 다음의 몇 가지 기준으로 평가한다.

첫째, market swap(par swap)인가, off market swap(premium/discount swap)인가? 스왑 pricing 시점의 수익률 곡선을 기준으로 계산된 스왑 가격(고정금리)대로 거래하는 스왑 형태, 즉 변동금리(6개월 LIBOR flat)와 특정 고정금리를 교환하는 형태의 스왑을 market swap 또는 par swap 이라고 한다. 이에 반해 par swap거래 가격이 아닌 특정 고정금리를 기준으로 LIBOR flat에 특정 스프레드를 가산하여 거래하는 스왑 형태, 또는 LIBOR flat에 특정 스프레드를 가감한 변동금리와 교환하여 par swap가격이 아닌 특정 고정금리로 거래하는 스왑 형태를 off market swap 또는 premium/discount swap이라고 부른다. 거래당사자의 필요에 따라 스왑거래는 어떤 형태로도 거래가 가능하다.

둘째, 양 당사자가 수용할 수 있는 동일한 가치 판정기준이 있어야 한다.

스왑거래를 통해 두 가지 다른 조건의 현금흐름을 교환하면서 양쪽이 계약 당시의 수익률 곡선을 기준으로 서로 이해득실이 없는 등가(same value)의 상태를 유지하기 위한 가치 판정기준이 있어야 하는데, 이를 위해 순현재가치(Net Present Value : NPV)라는 개념을 사용하는 것이다.

셋째, NPV 산정 시 적용되는 할인율은 공정, 타당, 보편성이 있어야 한다.

할인 계수 산정을 위해 사용하는 금리 기준으로는 여러 가지가 있을 수 있다. 위에서 설명 했듯이 스왑 가격산정 시 사용하는 금리 기준은 각 기간별로 서로 다른 spot rate(제로쿠폰금리)를 사용하는 방법(zero yield curve method)이 일반적이나, 각 이자기간에 동일한 금리(예, YTM)를 사용하는 방법(par yield curve method)과 거래 당사자별로 자신의 입장에 따라 주관적인 금리 기준을 사용하는 방법(capital cost/profit method) 등도 생각해 볼 수 있다.

2 | 금리스왑 pricing

(1) par swap

고정금리와 변동금리 간의 교환인 쿠폰스왑의 가격산정을 위해서는 우선 변동금리 쪽 (floating leg)의 cash flow를 확정시킨 후, 각 시점별 할인 계수를 적용하여 계산한 미래 모든 현금흐름의 현가 합계(PV total)를 구하고 이와 동일한 가치를 갖게 하는 고정금리쪽(fixed leg)의 금리(swap rate)를 역산하는 과정이 필요하다. 여기서 변동금리쪽의 경우 최초 6개월간(첫 번째 이자기간)을 제외하고는 적용금리가 미확정 상태(unknown cash flow)이므로 미래의 현금흐름을 확정하기 어렵다. 미확정 cash flow는 현시점에서의 기간별 금리구조(term structure of interest rate)에 근거한 forward rate로 판단해야 하는데, 이 forward rate는 추후 실제 확정될 변동금리(LIBOR)

가 아닌 내재 변동금리(implied LIBOR)라고 할 수 있으며 이를 스왑 pricing에 사용한다.

예를 들어 아래와 같은 거래조건을 가진 3년 만기의 미달러화 금리스왑의 pricing 과정을 살펴보기로 하자.

❶ 계약금액(notional amount) : US$ 10,000,000

❷ 계약기간(contract period) : 3년

❸ 이자교환 조건 : 고객이 고정금리를 지급하고 변동금리(6개월 LIBOR flat)를 수취함

❹ 고객 수취금리 : 6개월 LIBOR flat(Actual/360기준)

　⇒ 고객 지급 고정금리 : ??(semi-annual money market 기준)

아래의 금리스왑 pricing과정은 swap거래의 고정금리쪽 현금흐름(fixed leg cash flow)의 현재가치와 변동금리쪽 현금흐름(floating leg cash flow)의 현재가치가 동일해지는 고정금리 수준을 구하는 과정이라고 이미 언급하였다. 즉, 〈표 6-1〉의 pricing과정을 순서대로 설명하면,

❶ yield curve로부터 구해진 spot rate(제로쿠폰금리)로서 이를 이용하여 swap 가격결정시 사용되는 각 이자기간별 forward rate, 할인 계수(discount factor) 등을 산출한다.

❷ 각 기간별 zero coupon rate로부터 구해진 각 만기별 '1'의 미래가치(불연속 일복리기준) 이며, 이를 이용하여 할인 계수를 구한다. 즉, 1/미래가치＝할인 계수가 된다.

　예) 6개월 후 '1'의 미래가치 : $(1+1.768\%)^{182/365}=1.00878$

　　　6개월 할인 계수 : $1/1.00878=0.991301$

❸ 각 기간별 zero coupon rate로부터 구해진 미래 각 이자기간의 forward rate이다. 변동금리쪽의 이자금액을 확정하기 위한 기준금리로 사용한다. 1년 만기 제로쿠폰금리와 6개월 만기 제로쿠폰금리를 사용하여 6개월 후부터 1년 사이의 forward rate를 구한다.

　예) 6개월~1년 사이 미래기간의 FRA금리 : $\{(1+2.160\%)^{365/365} \div$

　　$(1+1.768\%)^{182/365} - 1\} \times 360/(365-182)=2.5003\%$

❹ 변동금리쪽의 cash flow로서 6개월마다 실제 경과일 수에 따른 고객의 미래 이자수취 금액이다. 변동금리쪽의 현금흐름을 확정하기 위해 해당 기간의 FRA금리를 적용하며, 금리 기준은 money market 기준을 사용하여 'Actual(실 경과일 수)/360'을 사용한다.

　예) 1년 후 변동금리 이자금액 : $US\$ 10,000,000 \times 2.5003\% \times (365-182)/360$

　　$=127,096.73$

❺ 변동금리쪽의 미래 이자금액의 현재가치이며 미래금액에 할인 계수를 곱하여 구한다.

　예) 1년 후 이자금액의 현가 : $US\$ 127,096.73 \times 0.978860=124,409.88$

금리스왑(par swap) pricing을 위한 현금흐름 분석(고객 입장)

기간	일수	① 제로 쿠폰 금리	② 1의 미래 가치	② discount factor	③ forward rate	변동금리(floating leg)		고정금리(fixed leg) : 3.912%	
						④ cash flow	⑤ 현재가치 (PV)	⑥ cash flow	⑦ 현재가치 (PV)
거래일	0	1.705				0.00	0.00	0.00	0 .00
6개월	182	1.768	1.00878	0.991301	1.7358%	87,755.72	86,992.32	− 197,751.63	− 196,031.34
1년	365	2.160	1.02160	0.978860	2.5003%	127,096.73	124,409.88	− 198,838.18	− 194,634.69
1년 6개월	547	2.709	1.04088	0.960727	3.7332%	188,735.32	181,323.20	− 197,751.63	− 189,985.42
2년	730	3.248	1.06601	0.938082	4.7489%	241,404.72	226,457.36	− 198,838.18	− 186,526.46
2년 6개월	913	3.648	1.09377	0.914269	5.1237%	260,454.34	238,125.38	− 198,838.18	− 181,791.62
3년	1,096	4.056	1.12682	0.887457	5.9434%	302,123.63	268,121.73	− 198,838.18	− 176,460.33
						⑧ 합계(1)	1,125,429.87	⑨ 합계(2)	− 1,125,429.87
								⑩ 차액	0

❻ 고정금리쪽의 cash flow로서 6개월마다 실제 경과일 수에 따른 고객의 미래 이자지급 금액이다. 금리 기준은 money market기준을 사용하여 'Actual/360'을 사용한다.

예) 6개월 후 고정금리 이자금액 : US$ 10,000,000×3.912%×182/360＝197,751.63

❼ 고정금리쪽 미래 이자금액의 현재가치이며 미래 금액에 할인 계수를 곱하여 구한다.

예) 6개월 후 이자금액의 현가 : US$ 197,751.63×0.991301＝196,031.34

❽ 변동금리쪽 미래 이자금액 현가 금액의 합계를 말한다.

❾ 고정금리쪽 미래 이자금액 현가 금액의 합계를 말한다.

❿ 고정금리쪽 현가 금액의 합계와 변동금리쪽 현가 금액의 합계와의 차액으로서 '0'을 보여 주고 있어 고정금리쪽과 변동금리쪽의 현가기준 현금흐름은 등가임을 보여 주고 있다. 즉, 변동금리쪽 현가 금액의 합계와 동일한 금액의 고정금리쪽 현가 금액의 합계를 만드는 고정금리 수준(3.912%)을 역산하는 과정이 금리스왑의 pricing 과정이다.

(2) margin swap

par swap은 변동금리(LIBOR flat)와 교환되는 고정금리의 수준을 결정하는 것이었으나, 거래 당사자의 사정에 따라 변동금리의 기준인 LIBOR에 일정 margin(spread)을 가산한 금리를 기준 으로 고정금리와 교환하거나, 특정 고정금리와 교환하기 위해 변동금리(LIBOR flat)에 일정 마진을 가산하여 거래하기도 한다. 앞의 par swap의 예에서 금리스왑 거래 시 만일 고객이 변동금리에 1.5%의 마진을 더한 'LIBOR+1.5%'를 기준으로 변동금리를 수취하려면 이에 대하여 지급해야 할 고정금리는 5.412%(3.912%+1.5%)이어야 하나, 고객이 고정금리를 5.0%만 지급하고자 할 때 스왑계약 당시 고객이 거래상대방(은행)에게 지급해야 하는 수수료금액(up-front fee)이 얼마인지 계산해 보자.

① 계약금액 : US$ 10,000,000

② 계약기간 : 3년

③ 이자 교환 조건 : 고객이 변동금리(6개월 LIBOR+1.5%)를 수취하고 고정금리는 5.0% (Act/360기준)만 지급함

☞ 고객 지급 수수료(up-front fee) : ??

〈표 6-2〉에 나타난 스왑 pricing 과정을 설명하면,

① 변동금리쪽의 cash flow로서 6개월마다 실제 경과일 수에 따른 고객의 미래 이자수취 금액이다. 미래 변동금리쪽의 현금흐름을 확정하기 위해 해당 기간의 FRA금리를 적용하며 고객은 일정 마진을 더한 'LIBOR+1.5%'를 받기로 약정하였다. 금리 기준은 money market기준(Actual/360)을 사용하였다.
예) 1년 후 변동금리 이자금액 : US$ 10,000,000×(2.5003+1.5)%×(365−182)/360
　　=203,346.73

② 변동금리쪽의 미래 이자금액의 현재가치이며 미래 금액에 할인 계수를 곱하여 구한다.

③ 고정금리쪽의 cash flow로서 6개월마다 실제 경과일 수에 따른 회사의 미래 이자지급 금액인데, 회사는 5.0%만을 고정적으로 지급하기로 계약하였다. 금리 기준은 money market 기준(Actual/360)을 사용하였다.
예) 6개월 후 고정금리 이자금액 : US$ 10,000,000×5.0%×182/360=252,777.78

④ 고정금리쪽 미래 이자금액의 현재가치이며 미래 금액에 할인 계수를 곱하여 구한다.

⑤ 변동금리쪽 미래 이자금액 현가 금액의 합계를 말한다.

⑥ 고정금리쪽 미래 이자금액 현가 금액의 합계를 말한다.

⑦ 변동금리쪽 현가 금액의 합계와 고정금리쪽 현가 금액의 합계와의 차액으로서 '고정금리쪽 합계<변동금리쪽 합계'이기 때문에 그 차액인 'US$ 118,416.36'을 고객이 계약시점(up-front)에 지급해야 양쪽의 차액이 '0'이 되어 양쪽이 등가가 된다.

표 6-2 **금리스왑(margin swap) pricing을 위한 현금흐름 분석(고객 입장)**

기간	일수	제로 쿠폰 금리	1의 미래 가치	discount factor	forward rate	변동금리(floating leg)		고정금리(fixed leg)	
						① cash flow	② 현재가치 (PV)	③ cash flow	④ 현재가치 (PV)
거래일	0	1.705							
6개월	182	1.768	1.00878	0.991301	1.7358%	163,589.06	162,165.96	−252,777.78	−250,578.81
1년	365	2.160	1.02160	0.978860	2.5003%	203,346.73	199,047.94	−254,166.67	−248,793.53
1년 6개월	547	2.709	1.04088	0.960727	3.7332%	264,568.65	254,178.37	−252,777.78	−242,850.55
2년	730	3.248	1.06601	0.938082	4.7489%	317,654.72	297,986.09	−254,166.67	−238,429.10
2년 6개월	913	3.648	1.09377	0.914269	5.1237%	336,704.34	307,838.41	−254,166.67	−232,376.75
3년	1,096	4.056	1.12682	0.887457	5.9434%	378,373.63	335,790.33	−254,166.67	−225,561.99
						⑤ 합계(1)	1,557,007.09	⑥ 합계(2)	−1,438,590.73
							⑦ 차액 (1−2)		118,416.36 (고객 지급 수수료)

(3) forward start swap

스왑거래는 계약과 동시에 거래의 효력이 발생(effective)하는 것이 원칙(spot start)이나 거래당사자의 합의에 따라 미래 시점에 거래효력이 발생할 수도 있다(forward start). 위에서 언급한 par swap 예의 금리스왑에서 스왑 개시일을 아래의 예와 같이 계약 시점(spot)이 아닌 미래 시점(forward)으로 할 경우 스왑 가격(swap rate)이 달라짐을 알 수 있다.

❶ 계약금액 : US$ 10,000,000

❷ 계약기간 : 3년

❸ 스왑 개시일(effective date) : 6개월 후

❹ 이자 교환 조건 : 고객이 고정금리를 지급하고 변동금리(6개월 LIBOR flat)를 수취함

❺ 고객 수취금리 : 6개월 LIBOR flat(Actual/360 기준)

☞ 고객 지급 고정금리 : ??(semi-annual money market 기준)

스왑기간은 3년으로 동일하나 par swap의 경우 스왑 가격은 3.912%인 데 반해, 6개월 후에 스왑거래 효력이 발생하는 forward start swap의 경우는 스왑 가격이 4.583%로 달라졌음을 알 수 있다.

표 6-3 금리스왑(forward start swap) pricing을 위한 현금흐름 분석(고객 입장)

① 기간	일수	제로 쿠폰 금리	1의 미래 가치	discount factor	forward rate	변동금리(floating leg)		고정금리(fixed leg) : 4.583%	
						② cash flow	③ 현재가치 (PV)	④ cash flow	⑤ 현재가치 (PV)
거래일	0	1.705							
6개월	182	1.768	1.00878	0.991301	1.7358%	0.00	0.00	0.00	0.00
1년	365	2.160	1.02160	0.978860	2.5003%	127,096.73	124,409.88	−232,952.28	−228,027.62
1년 6개월	547	2.709	1.04088	0.960727	3.7332%	188,735.32	181,323.20	−231,679.32	−222,580.68
2년	730	3.248	1.06601	0.938082	4.7489%	241,404.72	226,457.36	−232,952.28	−218,528.28
2년 6개월	913	3.648	1.09377	0.914269	5.1237%	260,454.34	238,125.38	−232,952.28	−212,981.09
3년	1,096	4.056	1.12682	0.887457	5.9434%	302,123.63	268,121.73	−232,952.28	−206,735.14
3년 6개월	1,279	4.318	1.15965	0.862327	5.7328%	291,416.47	251,296.40	−232,952.28	−200,881.13
						합계(1)	1,289,733.95	합계(2)	−1,289,733.95
						⑥ 차액(1−2)		0	

〈표 6-3〉에 나타난 스왑 pricing 과정을 설명하면,

❶ forward start swap거래로서 지금 스왑계약을 체결하지만 6개월 후에 스왑거래의 효력이 발생하여 3년간 금리교환을 하게 되므로 최종 스왑 만기일은 3년 6개월 후가 된다.

❷ 변동금리쪽의 cash flow로서 6개월마다 실제 경과일 수에 따른 고객의 미래 이자수취 금액이다. 변동금리쪽의 현금흐름을 확정하기 위해 해당 기간의 FRA금리를 적용하며, 금리 기준은 money market 기준(Actual/360)을 사용한다.

예) 1년 후 변동금리 이자금액 :

US$ 10,000,000 × 2.5003% × (365 − 182)/360 = 127,096.73

❸ 변동금리쪽 미래 이자금액 현가 금액의 합계를 말한다.

❹ 고정금리쪽의 cash flow로서 6개월마다 실제 경과일 수에 따른 고객의 미래 이자지급 금액이다. 금리 기준은 money market 기준(Actual/360)을 사용한다.

예) 1년 후 고정금리 이자금액 :

US$ 10,000,000 × 4.583% × (365 − 182)/360 = 232,952.28

⑤ 고정금리쪽 미래 이자금액 현가 금액의 합계를 말한다.

⑥ 고정금리쪽 현가 금액의 합계와 변동금리쪽 현가 금액의 합계와의 차액으로서 '0'을 만들 수 있는(고정금리쪽과 변동금리쪽의 현가 기준 현금흐름이 등가를 이루는) 고정금리 수준 '4.583%'를 역산하는 과정이다.

<h2>3   통화스왑 pricing</h2>

통화스왑에 대한 pricing 역시 계약기간 중 발생하는 cash flow의 현재가치를 계약 시점 현재의 수익률 곡선을 이용해 확정한 후 비교하여 이루어진다는 점에서 금리스왑과 동일하다. 하지만 비교되는 대상이 서로 다른 통화의 cash flow에 대한 현재가치이므로 그 비교방법에는 다음의 두 가지 방법을 생각할 수 있다.

〈그림 6-3〉에 표시되어 있듯이 첫째, 선물환율을 이용하여 미래의 각 기간마다 교환되는 두 통화를 어느 한 통화로 바꾸어 놓고 그 통화의 기간별 수익률 곡선을 이용하여 현재가치를 구한 후 비교하는 방법이다. 예를 들어 US$/원화 간 통화스왑의 경우 스왑기간 중 US$의 모든 cash flow를 US$/원화의 해당 시점 선물환율을 이용해 원화로 환산하고, 원화의 수익률 곡선에 의해 양쪽 cash flow의 현재가치를 비교해 pricing하는 방법이다. 두 번째 방법은 교환되는 두 통화 각각의 수익률 곡선을 이용해 각 통화별로 cash flow를 구성한 후 각 통화별 수익률 곡선에 의한 현재가치를 계산하고, 현물환율을 이용, 양쪽의 가치를 어느 한 통화로 일치시켜 비교하는 방법이다.

예를 들면 US$/원화 간 통화스왑의 경우 US$와 원화의 각각 수익률 곡선에 의한 통화별 cash flow를 해당 통화의 수익률 곡선에 의해 현재가치를 각각 계산한 후, 현물환율을 적용해 US$쪽의 현재가치를 원화로 환산해 원화쪽의 현재가치와 비교하여 pricing하는 방법이다. 스왑 가격과 관련이 있는 주변시장(채권, 선물시장 등)이 발달한 통화의 경우에는 두 가지 방법 중 어느 방법을 사용하여도 무방하나, 원화의 경우처럼 관련 시장의 규모나 효율성 등이 충분히 성숙하지 않은 경우는 첫 번째 방법을 사용하는 것이 일반적이다.

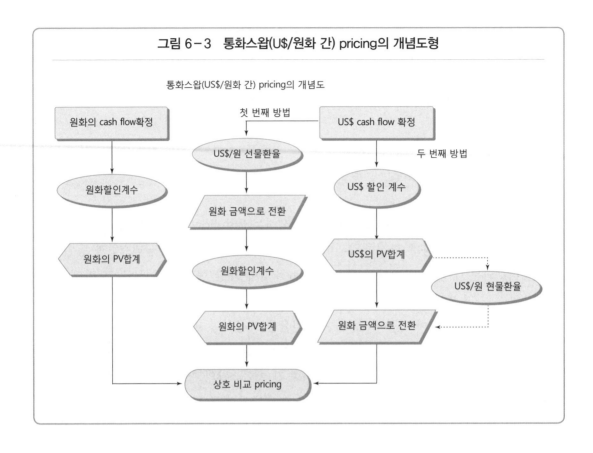

그림 6-3 통화스왑(U$/원화 간) pricing의 개념도형

통화스왑(US$/원화 간) pricing의 개념도

첫 번째 방법

원화의 cash flow확정　　　　　　　　　　　　US$ cash flow 확정

US$/원 선물환율　　　　　두 번째 방법

원화할인계수　　　　　　　US$ 할인 계수

원화 금액으로 전환

원화의 PV합계　　　　　　　　　US$의 PV합계

원화할인계수　　　　　　　　US$/원 현물환율

원화의 PV합계　　　　원화 금액으로 전환

상호 비교 pricing

(1) par swap

통화스왑도 이자율스왑과 pricing에 동일한 개념을 적용하나 서로 비교되는 통화가 다르므로 각 통화별로 cash flow를 확정해야 한다. 통화스왑의 가장 일반적인 형태는 cross currency coupon swap으로서 고정금리(이종통화)와 변동금리(US$) 간에 교환된다. 즉, 두 통화 중 어느 한쪽(통상 US$)은 변동금리로 교환되므로 변동금리쪽(floating leg)의 cash flow는 최초 이자기간을 제외하고는 미확정 상태이다(unknown cash flow). 하지만 스왑의 pricing을 위해서는 미확정 cash flow를 현재 시장에서의 기간별 금리구조(term structure of interest rate)에 근거한 수익률 곡선을 이용한 forward rate로 판단해야 한다(implied LIBOR). implied LIBOR(FRA금리)를 기초로 각 이자기간별 cash flow를 확정하여 변동금리쪽 모든 cash flow의 현재가치 합계(NPV)를 확정한 후 고정금리를 적용하는 상대통화 cash flow의 현재가치의 합계와 비교해야 한다.

고정금리쪽 통화의 현재가치 합계와 변동금리쪽 통화의 현재가치 합계를 비교하기 위해서는 두 통화의 종류가 다르므로 두 통화 간 환율을 적용하여 어느 한 통화의 금액 단위로 통일

표 6-4 통화스왑(cross currency coupon swap) pricing을 위한 현금흐름 분석(고객 입장)

기간	일수	① 제로 쿠폰 금리	② forward rate	③ cash flow	④ 선물 환율	⑤ 원화 환산금액	⑥ 현재가치 (PV)	⑦ 제로 쿠폰 금리	⑧ dis-count factor	⑨ cash flow	⑩ 현재가치 (PV)
		US Dollar						원화			
				floating leg						fixed leg : 6.109%	
거래일	0	1.70500		−1천만 달러	1,320.00	−132억 원	−132억 원	4.10000	1.000000	132억 원	132억 원
6개월	182	1.76770	1.7358%	87,755.72	1,340.00	117,592,670	114,726,158	5.07381	0.975623	−402,088,835	−392,287,268
1년	365	2.15968	2.5003%	127,096.73	1,359.00	172,724,455	163,700,463	5.51250	0.947755	−404,298,115	−383,175,551
1.5년	547	2.70947	3.7332%	188,735.32	1,374.00	259,322,330	237,911,212	5.91874	0.917434	−402,088,835	−368,890,107
2년	730	3.24753	4.7489%	241,404.72	1,389.00	335,311,156	296,565,187	6.33198	0.884448	−404,298,115	−357,580,545
2.5년	913	3.64822	5.1237%	260,454.34	1,397.00	363,854,720	310,519,489	6.54194	0.853416	−404,298,115	−345,034,535
3년	1,096	4.05632	5.9434%	1천만 달러	1,406.00	14,060,000,000	11,553,880,448	6.75623	0.821755	−132억 원	−10,847,170,833
3년	1,096	4.05632	5.9434%	302,123.63	1,406.00	424,785,824	349,070,030	6.75623	0.821755	−404,298,115	−332,234,146
						⑪ 합계(1)	−173,627,016			⑫ 합계(2)	173,627,016

⑬ 차액(1−2) 0.00

해야 한다. 일반적 형태의 통화스왑에서 par swap가격은 US$화의 변동금리(LIBOR flat)와 교환되는 이종통화의 고정금리 수준을 구하는 것이므로, US$ 변동금리쪽의 현가 합계와 동일한 가치(same value)를 갖도록 하는 이종통화의 고정금리를 구하는 것이 par swap의 pricing이다.

예를 들어 다음과 같은 조건의 통화스왑 pricing 과정을 살펴보면,

❶ 계약금액 : US$ 1천만 달러(132억 원)

❷ 계약일 US$/원화 현물환율 : 1320.00

❸ 계약기간 : 3년(spot start)

❹ 원금교환 :

거래 시초 시 : 고객 US$ 1천만 달러 매도(132억 원 수취, 적용환율 @1320.00)

거래 만기 시 : 고객 US$ 1천만 달러 매입(132억 원 지급, 적용환율 @1320.00)

⇒ 계약기간 중 금리 교환 :

고객 수취금리 : US$ 6개월 LIBOR flat(연 2회 이자수취)

고객 지급금리 : 원화 고정금리 ??%(연 2회 이자지급, money market(Actual/365) 기준)

위의 통화스왑 pricing과정은 US\$ 변동금리쪽 현금흐름(floating leg cash flow)의 현재가치와 원화의 고정금리쪽 현금흐름(fixed leg cash flow)의 현재가치가 동일해지는 원화고정금리 수준을 구하는 과정이다. 위의 경우에는 통화스왑 pricing의 두 가지 방법 중 선물환율을 이용하여 미래의 각 기간마다 교환되는 두 통화를 어느 한 통화(원화)로 바꾸어 놓고 그 통화의 기간별 수익률 곡선를 이용하여 현재가치를 구한 후 비교하는 방법을 사용하였다. 즉, 〈표 6-4〉의 pricing과정을 순서대로 설명하면,

❶ US\$ yield curve로부터 구해진 spot rate(제로쿠폰금리)로서 이를 이용하여 swap 가격결정 시 사용되는 각 이자기간별 forward rate를 산출한다.

❷ 각 기간별 zero coupon rate로부터 구해진 미래 각 이자기간의 forward rate이다. 변동금리쪽의 이자금액을 확정하기 위한 기준금리로 사용한다. 1년 만기 제로쿠폰금리와 6개월 만기 제로쿠폰금리를 사용하여 6개월 후부터 1년 사이의 forward rate를 구한다.
예) 6개월~1년 사이 미래기간의 FRA금리 :
$$\{(1+2.160\%)^{365/365} \div (1+1.768\%)^{182/365} - 1\} \times 360/(365-182) = 2.5003\%$$

❸ US\$ 변동금리쪽의 cash flow로서 6개월마다 실제 경과일 수에 따른 고객의 미래 US\$이자 수취금액이다. 변동금리쪽의 현금흐름을 확정하기 위해 해당 기간의 FRA금리를 적용하며, 금리 기준은 money market 기준을 사용하여 'Actual/360'을 사용한다. 통화스왑거래 초기에 지급한 US\$원금(1천만 달러)에 대해 이자를 수취하는 셈이다.
예) 1년 후 US\$ 변동금리 이자금액 : US\$ $10,000,000 \times 2.5003\% \times (365-182)/360 = 127,096.73$

❹ 각 기간별 US\$/원화의 선물환율로서 이는 선물환시장으로부터 구해지며, 미래의 각 기간마다의 US\$금액을 원화로 환산하기 위해 사용된다.

❺ 미래 각 기간별 US\$금액의 원화 상당 금액을 나타낸다.
예) 6개월 후 US\$ 변동금리쪽 이자금액의 원화 상당 금액 :
US\$ $87,755.72 \times 1,340.00 = 117,592,670$원

❻ 미래 각 기간별 US\$이자금액 원화 상당액의 현가 금액으로 원화의 할인 계수를 적용한다.
예) 6개월 후 US\$ 변동금리쪽 이자금액의 원화 상당액 현가 :
$117,592,670$원 $\times 0.975623 = 114,726,158$원

❼ 원화의 yield curve로부터 구해진 spot rate(제로쿠폰금리)로서 이를 이용하여 swap 가격결정 시 사용되는 각 이자기간별 할인 계수를 산출한다.

⑧ 각 기간별 zero coupon 금리로부터 구해진 각 기간별 할인 계수를 나타낸다(불연속 일복리 기준).

예) 6개월 원화의 할인 계수 : $1/(1+5.07381\%)^{182/365} = 0.975623$

⑨ 원화의 고정금리쪽 cash flow로서 6개월마다 실제 경과일 수에 따른 고객의 미래 이자 지급 금액이다. 금리 기준은 money market 기준을 사용하여 'Actual/365'을 사용한다. 통화스왑거래 초기에 수취한 원화 원금(132억 원)에 대한 이자를 지급하는 셈이다.

예) 6개월 후 원화 고정금리 이자금액 :

132억 원 × 6.109% × 182/365 = 402,088,835원

⑩ 원화 고정금리쪽 미래 이자금액의 현재가치이며 미래 금액에 할인 계수를 곱하여 구한다.

예) 6개월 후 이자금액의 현가 : 402,088,835원 × 0.975623 = 392,287,268원

⑪ US$ 변동금리쪽 미래 이자금액 현가 금액의 합계를 말한다.

⑫ 원화 고정금리쪽 미래 이자금액 현가 금액의 합계를 말한다.

⑬ US$ 변동금리쪽 이자금액을 원화로 환산하여 현가화한 금액의 합계와 원화 고정금리쪽 이자금액의 현가 금액 합계와의 차액으로서 '0'을 보여 주고 있어 양쪽 cash flow는 현가기준으로 등가임을 나타내고 있다. 즉, US$ 변동금리쪽 원화기준 현가 금액의 합계와 동일한 금액의 원화 고정금리쪽 현가 금액의 합계를 만드는 원화 고정금리 수준 '6.109%'를 역산하는 과정이 통화스왑의 pricing 과정이다.

(2) margin swap

통화스왑에 있어 par swap은 US$ 변동금리(LIBOR flat)와 교환되는 이종통화 고정금리의 수준을 결정하는 것이었으나, 거래당사자의 사정에 따라 변동금리의 기준인 US$ LIBOR에 일정 margin(spread)을 가산한 금리를 기준으로 이종통화의 고정금리와 교환하거나, 이종통화의 특정 고정금리와 교환하기 위해 US$ 변동금리(LIBOR flat)에 일정 마진을 가산하여 거래하기도 한다. 앞의 par swap 예에서 만일 고객이 지급하려는 원화 고정금리가 7.5%(Actual/365 기준)라면 고객은 대신 US$의 변동금리를 얼마나 수취할 수 있는지(US$ Libor에 더해지는 margin이 얼마나 되는지)를 pricing해 보도록 하자. 즉, 다음의 조건으로 거래되는 통화스왑의 가격을 알아보면,

❶ 금액 : US$ 1천만 달러(132억 원)
❷ 계약일 US$/원화 현물환율 : 1320.00
❸ 계약기간 : 3년(spot start)

④ 원금교환

　거래 시초 시 : 고객 US$ 1천만 달러 매도(132억 원 수취, 적용환율 @1320.00)

　거래 만기 시 : 고객 US$ 1천만 달러 매입(132억 원 지급, 적용환율 @1320.00)

⑤ 계약기간 중 금리 교환 :

　고객 지급금리 : 원화 고정금리 7.5%(연 2회 이자지급, money market(Actual/365)기준)

　고객 수취금리 : US$ 6개월 LIBOR + ??%(연 2회 이자수취)

위의 통화스왑 pricing 과정은 원화의 특정 고정금리(7.5%)쪽 현금흐름(fixed leg cash flow)의 현재가치 합계와 동일해지도록 US$ 변동금리쪽 현금흐름(floating leg cash flow)의 현재가치를 조정하는 과정이다. 위의 경우에도 통화스왑 pricing의 두 가지 방법 중 선물환율을 이용하여 미래의 각 기간마다 교환되는 두 통화를 어느 한 통화(원화)로 바꾸어 놓고 그 통화의 기간별 수익률 곡선을 이용하여 현재가치를 구한 후 비교하는 방법을 사용하였다.

즉, 〈표 6-5〉의 pricing 과정을 순서대로 설명하면, 우선 US$ yield curve로부터 구해진 US$ 제로쿠폰금리를 이용하여 각 이자기간별 forward rate를 산출하거나 원화의 yield curve로부터 구해진 원화 제로쿠폰금리를 이용하여 각 이자기간별 할인 계수를 산출하는 것은 앞의 예와 동일하며,

❶ 우선 원화쪽의 고정금리가 사전에 확정(7.5%)된 상태이므로 원화 고정금리쪽의 미래 현금흐름을 확정해야 한다. 원화의 고정금리쪽 cash flow로서 6개월마다 실제 경과일 수에 따른 고객의 미래 이자지급 금액이다.

　금리 기준은 money market 기준을 사용하여 'Actual/365'을 사용한다. 통화스왑거래 초기에 수취한 원화 원금(132억 원)에 대한 이자를 지급하는 셈이다.

　예) 6개월 후 원화 고정금리 이자금액 :

　　132억 원×7.5%×182/365＝493,643,836원

❷ 원화 고정금리쪽 미래 이자금액의 현재가치이며 미래 금액에 할인 계수를 곱하여 구한다.

　예) 6개월 후 이자금액의 현가 : 493,643,836원×0.975623＝481,610,466원

❸ US$ 변동금리쪽의 cash flow로서 6개월마다 실제 경과일 수에 따른 고객의 미래 US$이자수취 금액이다. US$ 변동금리쪽의 금리구성은 두 가지 부분으로 나눌 수 있는데 우선은 US$ 변동금리 현금흐름을 확정하기 위해 해당 기간의 FRA금리(LIBOR flat에 해당)를 적용하며, 또한 LIBOR금리에 일정하게 더해지는 'margin(spread)'으로 본 스왑 pricing에서 구하고자 하는 부분이다. 금리 기준은 money market 기준을 사용하여 'Actual/360'을 사

표 6-5 통화스왑(margin swap) pricing을 위한 현금흐름 분석(고객 입장)

기간	일수	US Dollar							원화			
		제로쿠폰금리	forward rate	floating leg → LIBOR + 1.316%				제로쿠폰금리	dis-count factor	fixed leg : 7.5%		
				③ cash flow	④ 선물환율	⑤ 원화환산금액	⑥ 현재가치(PV)			① cash flow	② 현재가치(PV)	
거래일	0	1.70500		−1천만 달러	1,320.00	−132억 원	−132억 원	4.10000	1.000000	132억 원	132억 원	
6개월	182	1.76770	1.7358%	154,281.98	1,340.00	206,737,852	201,698,282	5.07381	0.975623	−493,643,836	−481,610,466	
1년	365	2.15968	2.5003%	193,988.51	1,359.00	263,630,390	249,698,282	5.51250	0.947755	−496,356,164	−470,424,026	
1.5년	547	2.70947	3.7332%	255,261.58	1,374.00	350,729,405	321,771,202	5.91874	0.917434	−493,643,836	−452,885,809	
2년	730	3.24753	4.7489%	308,296.50	1,389.00	428,223,844	378,741,602	6.33198	0.884448	−496,356,164	−439,001,077	
2.5년	913	3.64822	5.1237%	327,346.13	1,397.00	457,302,542	390,269,369	6.54194	0.853416	−496,356,164	−423,598,360	
3년	1,096	4.05632	5.9434%	1천만 달러	1,406.00	14,060,000,000	11,553,880,448	6.75623	0.821755	−132억 원	−10,847,170,833	
3년	1,096	4.05632	5.9434%	369,015.41	1,406.00	518,835,669	426,355,995	6.75623	0.821755	−496,356,164	−407,883,342	
						⑦ 합계(1)	322,573,913			⑧ 합계(2)	−322,573,913	
							⑨ 차액(1−2)	0.00				

용한다. 통화스왑거래 초기에 지급한 US$원금(1천만 달러)에 대해 이자를 수취하는 셈이다.

예) 1년 후 US$ 변동금리 이자금액 :

US$ 10,000,000×(2.5003%+1.316%)×(365−182)/360=193,988.51

❹ 각 기간별 US$/원화의 선물환율로서 이는 선물환시장으로부터 구해지며, 미래의 각 기간마다의 US$금액을 원화로 환산하기 위해 사용된다.

❺ 미래 각 기간별 US$금액의 원화 상당 금액을 나타낸다.

예) 6개월 후 US$ 변동금리쪽 이자금액의 원화 상당 금액 :

US$ 154,281.98×1340.00=206,737,852원

❻ 미래 각 기간별 US$ 이자금액 원화 상당액의 현가 금액으로 원화의 할인 계수를 적용한다.

예) 6개월 후 US$ 변동금리쪽 이자금액의 원화 상당액 현가 :

206,737,852원×0.975623=201,698,282원

❼ US$ 변동금리쪽 미래 이자금액 현가 금액의 합계를 말한다.

❽ 원화 고정금리쪽 미래 이자금액 현가 금액의 합계를 말한다.

❾ US$ 변동금리쪽 이자금액을 원화로 환산하여 현가화한 금액의 합계와 원화 고정금리쪽 이자금액의 현가 금액 합계와의 차액으로서 '0'을 보여 주고 있어 양쪽 cash flow는 현가기준으로 등가임을 나타내고 있다. 즉, 사전에 확정된 원화 고정금리(7.5%)쪽의 현금흐름과 동일한 가치로 교환되기 위한 US$ 변동금리쪽의 금리 기준인 6개월 LIBOR flat에 가산되는 margin '1.316%'를 역산해 나가는 과정이 동 통화스왑의 pricing 과정이다.

01 미달러화 금리스왑거래의 가격(swap rate)을 고시할 때 기준이 되는 대표금리는?

① 6개월만기 LIBOR
② 미재무부성증권 수익률
③ A등급 회사채 수익률
④ prime rate

02 A기업은 향후 6개월 후에 6개월 만기로 차입 예정인 자금의 조달금리를 현시점에서 확정하기를 원하고 있다. A기업이 실행해야 하는 금리선도거래는?

① 6×12 FRA 매도
② 6×12 FRA 매입
③ 6×6 FRA 매도
④ 6×6 FRA 매입

03 미달러화의 3개월 만기 시장금리는 2.0%이고 6개월 만기 시장금리가 2.2%인 경우 3×6 FRA(선도금리계약)의 가격은?

① 2.425%
② 2.416%
③ 2.400%
④ 2.388%

04 B기업은 현재 변동금리 기준의 외화(US$)차입금을 가지고 있으며, 향후 달러화의 강세와 원화금리의 하락을 예상하고 있다. A기업이 가지고 있는 재무리스크를 헤지하기 위해 A기업이 해야 할 바람직한 거래는?

① cross currency basis swap(US$변동금리 수취/원화변동금리 지급)
② cross currency coupon swap(US$변동금리 수취/원화고정금리 지급)
③ cross currency basis swap(US$변동금리 지급/원화변동금리 수취)
④ cross currency coupon swap(US$변동금리 지급/원화고정금리 수취)

해설

01 ② 미달러화 금리스왑 가격은 미 재무부증권(T/B)수익률을 기준으로 스프레드를 가산하여 고시된다.

02 ② 향후 6개월 후 6개월간의 미래기간을 6×12로 표기하며 이 기간에 해당하는 자금의 차입금리를 확정하려면 FRA거래를 매입해야 함

03 ④ $F = \left[\dfrac{1 + 0.022 \times (182/360)}{1 + 0.02 \times (91/360)} - 1\right] \times \dfrac{360}{182 - 91} = 2.388\%$

04 ① 향후 원화금리의 하락이 예상되므로 원화변동금리를 지급하고 기존 외화부채의 금리조건인 변동금리를 수취하는 형태의 basis swap이 필요함

05 A기업은 고정금리 차입을 원하고 있으며 고정금리 5.25%에 차입이 가능하다. 하지만 차입금리 절감을 위해 A기업은 변동금리 3개월 CD+1.0% 조건에 우선 차입을 하고 거래은행과 금리스왑을 체결하여 고정금리 4.0%를 지급하고 변동금리 CD를 수취하기로 하였다. 이 경우 A기업의 고정금리 조건 차입비용 절감폭은?

① 0.5%   ② 0.25%

③ 0.1%   ④ 0%

06 C기업은 변동금리조건의 미달러화 부채를 가지고 있으며 향후 미달러화 금리가 상승할 것으로 예상하여 고정금리조건으로 전환하고자 한다. 거래은행들로부터 받은 다음 스왑금리 중 C기업에게 가장 유리한 것은?

① annual money market 기준 4.38%

② semi-annual money market 기준 4.38%

③ annual bond 기준 4.38%

④ semi-annual bond 기준 4.38%

07 원화 금리스왑을 통해 4.85%를 수취하고 변동금리 3개월 CD금리를 지급하기로 하였다면 이 거래를 실행한 당사자의 입장으로 맞는 것은?

① 4.85%의 고정금리로 차입하여 3개월 만기 변동금리 자산에 투자한 경우와 같다.

② 3개월 단위 변동금리로 자금을 차입하여 4.85%의 확정금리 자산에 투자한 경우와 같다.

③ 리스크 헤지를 위해서는 변동금리로 차입하여 고정금리자산에 투자해야 한다.

④ 리스크 헤지를 위해서는 변동금리로 차입하여 다른 조건의 변동금리자산에 투자해야 한다.

해설

05 ② CD+1.0%조건에 변동금리 차입을 하고 고정금리로 전환하기 위해 금리스왑을 하는 경우 기업은 CD flat금리를 수취하고 고정금리 4.0%를 지급하면 실질적으로 5.0%의 고정금리를 지급하는 결과가 되어 직접 고정금리(5.25%)로 차입하는 경우보다 0.25%의 차입비용을 절감할 수 있다.

06 ③ C기업 입장에서 지급 실효금리가 가장 낮은 곳이 유리하므로 annual(1년에 1회이자 지급) 조건의 bond 기준이 가장 유리함(money market 기준 4.38%를 bond 기준으로 전환하면 4.44%임)

07 ② 4.85%고정금리 수취 / 변동금리 지급 조건의 원화금리스왑거래 당사자는 3개월 변동금리로 차입하여 4.85%의 고정금리 자산에 투자한 경우이며, 리스크 헤지를 위해서는 고정금리로 차입하여 변동금리자산에 투자해야 한다.

08 외국기업인 D는 국내 채권시장에서 고정금리 아리랑본드를 발행한 후 달러화/원화의 통화스왑을 통해 원화부채를 미달러화 변동금리 채무로 전환하고자 한다. D기업 입장에서 해야 하는 통화스왑의 조건은?

① 원금 교환(거래 초기 달러 수취/만기 달러지급)과 금리 교환(원화 고정금리 수취/달러 변동금리 지급)

② 원금 교환(거래 초기 달러 지급/만기 달러수취)과 금리 교환(원화 고정금리 수취/달러 변동금리 지급)

③ 원금 교환(거래 초기 달러 수취/만기 달러지급)과 금리 교환(원화 고정금리 지급/달러 변동금리 수취)

④ 원금 교환(거래 초기 달러 지급/만기 달러수취)과 금리 교환(원화 고정금리 지급/달러 변동금리 수취)

09 다음 중 통화스왑거래에 관한 설명으로 적절하지 않은 것은?

① 거래 초기의 원금 교환은 선택적으로 이루어지나, 만기 시에는 반드시 원금의 교환을 수반한다.

② 미달러화/원화의 통화스왑거래 가격은 통상 미달러화 6개월 리보(flat)금리와 교환되는 원화의 고정금리 수준으로 고시된다.

③ 3년 만기 통화스왑거래 시 거래 초기 원금 교환은 현물환율로 만기 시 원금 교환은 선물환율로 이루어진다.

④ 통화스왑거래는 거래기간 중에 양 통화의 금리 차이를 정산하는 선물환 거래와 같다고 할 수 있다.

해설

08 ① D기업 입장에서 원화 고정금리채무를 달러 변동금리채무로 전환하려면 거래 초기 달러원금을 수취(원화원금 지급)하고 거래기간 중 원화 고정금리 수취/달러 변동금리 지급으로 금리를 교환한 후 만기 시 달러원금을 지급하고 원화원금을 수취하여 원화부채를 상환해야 한다.

09 ③ 통화스왑거래의 원금 교환 시 적용하는 환율은 거래 초기나 만기 시 모두 거래 초기의 현물환율이다.

10 현재 달러화/원화의 현물환율은 1,110원, 2년 만기 선물환율은 1,140원일 때 다음의 설명 중 옳지 않은 것은?

① 2년 만기 장기 선물환(outright) 거래 적용환율은 1,140원이다.

② 2년 만기 외환스왑(FX swap) 거래 시 거래 초기 원금 교환은 1,110원에, 만기 시 원금 교환은 1,140원에 교환된다.

③ 2년 만기 통화스왑 거래 시 거래 초기 원금 교환은 1,110원에, 만기 원금 교환은 1,140원에 교환된다.

④ 달러화의 금리는 원화의 금리보다 낮다.

11 현재 잔존만기 3년의 미달러화 변동금리(금리조건 6개월 리보 + 1.5%) 부채를 가지고 있는 기업이 향후 달러화의 금리 상승을 예상하고 금리스왑을 통해 고정금리로 전환하고자 한다. 거래은행이 '2.85%/2.75%'로 two-way 가격을 제시했다면 이 기업의 금리스왑 후 확정된 고정금리로 옳은 것은?

① 4.35%
② 4.25%
③ 2.85%
④ 2.75%

12 E기업은 분할상환조건의 미달러화 부채를 가지고 있으며 향후 원/달러 환율의 상승을 예상하고 통화스왑거래를 통해 원화부채로 전환하고자 한다. E기업이 해야 할 스왑형태로 옳은 것은?

① accreting swap
② amortizing swap
③ step-up swap
④ step-down swap

13 금리스왑이나 통화스왑 등 스왑거래의 가격결정 시 사용하는 각 기간별 시장금리로 옳은 것은?

① 만기수익률(YTM)
② 내부수익률(IRR)
③ 제로쿠폰금리
④ 국채수익률

14 스왑의 가격결정(pricing)과 관련한 설명으로 적절하지 않은 것은?

① 스왑은 서로 조건이 다른 현금흐름의 교환이므로 교환하고자 하는 두 현금흐름이 교환 후 현가기준으로 동일한 가치를 가져야 한다.
② 할인 계수란 미래 특정 시점에 발생하는 현금흐름 '1'의 현재가치를 말하므로 현가계산 시 사용된다.
③ 스왑 가격결정 시 변동금리(LIBOR)쪽의 현금흐름은 추후에 확정되므로 현재로서는 확정할 수 없다.
④ 스왑 가격결정 시 필요한 각 기간별 금리를 산정할 때 비표준기간의 금리산정을 위해 보간법(Interpolation)을 사용한다.

15 지금 F기업이 고정금리 회사채시장에서 2년간 차입 가능한 금리는 5.5%이고, 거래은행의 2년간 변동금리 기준 대출금리는 3개월 CD수익률＋1.2%이다. 현재 원화 금리스왑시장의 2년 만기 가격은 '4.10%/4.05%'로 two-way고시되고 있으며, 향후 원화금리의 상승을 예상하는 F기업에게 가장 유리한 차입방법은?

① 고정금리 5.5%로 회사채 발행
② 변동금리 3개월 CD수익률＋1.2%로 은행대출 사용
③ 고정금리 5.5%로 회사채를 발행한 후 금리스왑을 통해 변동금리조건으로 전환
④ 변동금리 3개월 CD＋1.2%로 은행대출 사용 후 금리스왑을 통해 고정금리로 전환

해설

13 ③ 스왑거래의 가격결정 시 각 기간별 시장금리로는 이자의 재투자위험이 없는 제로쿠폰금리를 사용함

14 ③ 스왑 가격결정 시 변동금리(LIBOR)쪽의 현금흐름은 각 이자기간별 미래 금리(forward rate)를 사용하여 가격결정 시 확정해야 한다.

15 ④ 향후 금리 상승에 대비하려면 고정금리 기준으로 자금차입을 해야 하나 거래은행으로부터 변동금리 차입 후 금리스왑을 통해 고정금리로 전환하는 것이 0.2%(5.5%−4.1%−1.2%) 유리함

16 G기업은 향후 2년간 미달러화를 차입하려고 한다. 현재 G기업의 차입 가능 시장금리는 미달러화의 경우 6개월 LIBOR + 2.0%이며, 원화의 경우 고정금리 5.0%이다. 현재 미달러화/원화의 통화스왑시장에서 2년 만기 스왑 가격이 '3.6%/ 3.4%'로 two-way고시되고 있다면, G기업이 원화차입 후 통화스왑을 통해 미달러화로 교환하는 방법을 사용하는 경우 미달러화 실효 차입금리는? (단, 미달러화의 1bp와 원화의 1bp는 동일하다고 가정)

① 6개월 LIBOR + 1.6% ② 6개월 LIBOR + 1.4%

③ 6개월 LIBOR + 1.2% ④ 6개월 LIBOR + 1.0%

17 미달러화의 3개월 만기(90일)의 자금시장 금리가 4.5%이고 6개월 만기(180일)의 금리는 5.0%이라면, 3개월 후부터 6개월 시점까지의 3개월 계약기간(3×6)에 적용되는 선도금리계약의 가격은? (소수점 셋째 자리에서 반올림하여 둘째 자리까지 표기)

18 공기업인 H기업의 경우 향후 미달러화의 금리 상승 추이가 계속될 것을 예상하고 현재 보유 중인 변동금리 미달러화 부채의 금리조건을 전환하기로 하였다. 거래은행이 제시한 해당 만기의 금리스왑 가격이 T + 67.0/64.0이라면 H기업이 스왑딜러에 지불해야 하는 스프레드는?

해설

16 ① 3.4%(CRS원화수취금리) − 6개월 LIBOR(CRS US$지급금리) − 5.0%(원화차입금리) = −(6개월 리보 + 1.6%). 원화를 차입하여 미달러화로 교환하는 통화스왑을 하는 경우 스왑기간 중 원화고정금리 3.4%를 수취하고 US$ LIBOR flat금리를 지급하게 됨

17 5.44%($F = \left[\dfrac{1 + 0.05 \times (1/2)}{1 + 0.045 \times (1/4)} - 1\right] \times \dfrac{4}{1} = 5.4388(\%)$)

18 67.0(bp)

19 지금 기업 A는 1년 전 발행한 고정금리(5.0%) 조건의 3년 만기 회사채 채무를 가지고 있다. 시장금리는 당분간 하향 추세를 보일 것으로 전망되고 있어 기업 A는 금리 하락 시 기존 고정금리 회사채에서 발생하는 손실(기회이익의 포기)을 방지할 목적으로 금리스왑거래를 하여 변동금리조건으로 전환하려고 한다. 거래은행이 고시한 금리스왑 가격이 아래와 같다면 금리스왑거래 후 기업 A의 실제 변동금리 코스트는?

> ㉠ 2년 만기 금리스왑 3.80 − 3.70
> ㉡ 3년 만기 금리스왑 4.20 − 4.10

20 기업 A와 기업 B의 미달러화 차입 시장금리 상황은 아래 표와 같다.

	고정금리 시장	변동금리 시장
기업 A	3.00 %	LIBOR
기업 B	3.75 %	LIBOR + 0.25%

두 기업이 자신의 비교우위를 이용하여 차입한 후 금리스왑을 통해 절감할 수 있는 총 금리는? (단, 스왑딜러 거래수수료는 없다고 가정)

21 공기업인 K기업은 향후 2년간 미달러화를 차입하려고 한다. 현재 K기업의 차입가능 시장금리는 미달러화의 경우 6개월 LIBOR + 1.2%이며, 원화의 경우 고정금리 4.5%이다. 현재 US$/원화의 통화스왑시장에서 2년 만기 스왑 가격이 '3.6%/3.5%'로 two-way고시되고 있다면 K기업의 경우 가장 저렴한 미달러화 차입방법은 무엇이며 그때의 실효 차입금리는? (단, 미달러화의 1bp와 원화의 1bp는 동일하다고 가정)

19 3m CD수익률 + 1.3%(계산근거 : 3.7%(IRS수취금리) − 3m CD 수익률(IRS지급금리) − 5%(회사채 지급금리) = − (3m CD수익률 + 1.3%))

20 0.5%(계산근거 : 0.75%(고정금리 금리차) − 0.25%(변동금리 금리차) = 0.5%)

21 원화차입 후 US$/원화 간 통화스왑(거래초기 US$원금 수취/원화원금 지급)을 통해 달러화를 차입하는 것이 효과적임. 이때의 달러화 실효 차입금리는 6개월 리보금리 + 1.0%임

    (계산근거) 3.5%(통화스왑 원화수취금리)
            −6개월 리보금리(통화스왑 미달러화 지급금리)
            −4.5%(원화차입 지급금리)
            ──────────────
            −(6개월 리보금리 + 1.0%)

22 A기업은 만기 3년의 미달러화 금리스왑을 계약하려고 거래은행에 가격을 문의한 결과 6개월 LIBOR flat금리와 교환되는 고정금리 3.912%를 제시받았다. A기업은 '6개월 LIBOR + 1.5%'를 수취하고 고정금리 5%만을 지급하고자 하며, 이를 위해 거래은행에 지급해야 하는 거래 초기의 거래수수료(up-front fee)로 US$ 118,416.36를 통보받았다. 하지만 A기업이 거래 초기에 지급해야 할 수수료를 계약만기 시 지급하고자 하는 경우의 금액은? (단, 만기 3년의 제로쿠폰금리는 4.056%임)

22 133,417.59 (계산근거) FV = 118,416.36 × (1 + 0.04056)^3 = 133,417.59

정답 01 ② | 02 ② | 03 ④ | 04 ① | 05 ④ | 06 ③ | 07 ② | 08 ① | 09 ③ | 10 ③ | 11 ① | 12 ② | 13 ③ | 14 ③ | 15 ④ | 16 ①

part 02

장외옵션

chapter 01

옵션의 기초와 응용전략

옵션의 정의

옵션은 주어진 자산(기초자산)을 미래의 일정 시점(만기)에서 미리 정한 가격(행사 가격)에 매도(매수)할 수 있는 권리를 의미한다. 이때 매수 권리는 콜옵션, 매도 권리는 풋옵션이라 한다. 한편 만기일에 한 번만 권리를 행사할 수 있는 옵션을 유럽식 옵션이라 하고, 만기일 이전에 아무 때나 한 번 권리를 행사할 수 있는 옵션을 미국식 옵션이라 한다. 이를 구체적인 예를 들어 설명하자.

1 개별주식옵션

○○전자 주식 1주를 10월 둘째 목요일에 주당 150만 원에 살 수 있는 권리가 있다고 할 때 이는 ○○전자 주식을 기초자산으로 하는 옵션으로서 만기는 10월 둘째 목요일이며, 행사 가격이 150만 원인 콜옵션이다. 한국거래소는 이 옵션의 행사 부분을 유럽식 옵션으로 디자인해 놓았다. 이 옵션의 수익구조는 어떠한가 살펴보자.

〈그림 1-1〉에서 보듯이 만기 시점에 가서 ○○전자 주가가 160만 원이 된다면 옵션 보유자

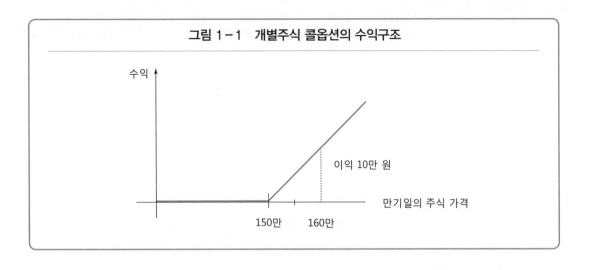

그림 1 - 1　개별주식 콜옵션의 수익구조

수익

이익 10만 원

만기일의 주식 가격

150만　　160만

는 160만 원이 된 주식을 150만 원에 취득할 수 있는 기회를 갖게 된다. 따라서 만기 시점에 가서 옵션을 행사할 경우 160만 원짜리 주식을 150만 원만 지불하고 매수할 수 있으므로 사후적인 이익은 10만 원이 된다. 그런데 이 10만 원은 곧 만기 시점 주가가 행사 가격인 150만 원에 대비하여 얼마나 올랐는가에 해당하는 액수이다. 따라서 옵션의 정의를 한 가지 더 만들어낼 수 있다. 즉, '150만 원에 매수할 수 있는 권리'는 다르게 표현하면 '150만 원보다 오를 경우 오른 만큼 이익을 볼 수 있는 권리'라고 해석이 가능한 것이다. 이 정의는 기초자산을 직접 거래하지 않고 현금만으로 결제하는 주가지수옵션의 경우에 유용한 정의이다. 이를 자세히 살펴보자.

2　주가지수 콜옵션

만기가 10월이고 행사 가격이 250인 KOSPI 200 주가지수 콜옵션이 있다고 할 때 이 옵션은 KOSPI 200 주가지수가 10월 둘째 목요일에 '250 point보다 오를 경우 오른 만큼 이익을 보는 권리'로 해석이 가능하다. 이를 'KOSPI 200 주가지수를 250 point에 매수할 수 있는 권리'라고 해석하면 주가지수를 매수한다는 정의가 적절하지 못한 부분이 있다.

이 옵션은 그림에서 보듯이 복권적인 특성을 가지게 되는데, 만기일 주가지수가 미리 정한 수준을 넘어설 경우 당첨된 것으로 보고 당첨금이 지급된다고 볼 수 있다. 이때 당첨금은 '미리 정한 행사 가격보다 오른 만큼'이 되므로 사후적으로 결정된다는 특징을 가진다.

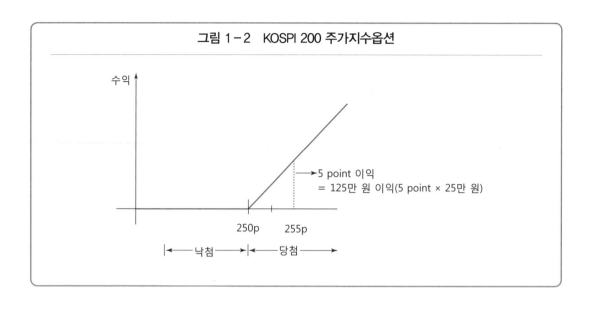

그림 1-2   KOSPI 200 주가지수옵션

수익

5 point 이익
= 125만 원 이익(5 point × 25만 원)

250p   255p

|← 낙첨 →|← 당첨 →|

3   채권선물에 대한 선물옵션

만기가 12월 첫째 수요일이고 행사 가격이 100인 국채선물 콜옵션이 있다고 하자. 이 옵션 역시 만기일에 가서 기초자산인 국채선물계약의 가격이 100포인트를 넘어설 경우 오른만큼 이익을 보는 구조를 가지고 있는데, 여기서 조심해야 할 것은 국채선물에 대한 콜옵션을 행사할 경우 '행사 가격 대비 가격이 오른 만큼' 수익금이 지급되는 동시에 콜옵션을 행사할 경우 기초자산인 선물계약에 매수 포지션이 하나 취해지게 된다는 점이다.

예를 들어 행사 시점에서 선물 가격이 105로 끝났다면, ① (105−100)에 해당하는 수익금이 지급되는 동시에 ② 105 point의 가격에 선물매수계약이 하나 취해지게 된다. 따라서 국채 선물옵션을 행사한 투자자는 행사일 종가의 가격에 선물매수 포지션이 하나 취해지게 되므로 이 포지션을 관리해야 하는데, 문제는 당일에 선물거래는 이미 끝난 상태이므로 반드시 다음 거래일에 이르러서야 포지션을 청산할 수 있게 되는 것이다.

결국 행사 시점에서 수익금을 받는 것은 좋지만 동시에 취해지게 되는 선물매수 포지션을 관리해야 하는 부담감이 존재하게 되므로 이러한 행사제도는 실제로 옵션을 행사하는 데 있어서 걸림돌로 작용하게 된다. 예를 들어 장이 끝나기 전에 행사가 가능하다면 아직도 선물거래가 진행 중이므로 선물 포지션을 청산할 수 있는 기회를 가지게 되겠지만 이러한 체계는 시스템의 한계상 거의 불가능하므로 결국 장이 끝나고 나서야 행사가 이루어지고 이에 따른 문제점이 존재하는 것이다. 따라서 이러한 선물옵션이 비록 미국식으로 디자인이 되어 있어도 실제로는 미국식 옵션이 의미하는 대로 '만기 이전에 아무 때나 행사 가능'이라는 형태로 디자인되기는 어렵게 되고 '일별 종가에만 행사 가능'이라는 조항은 결국 행사 자체를 기피하게 되는 요인이 된다. 만일 행사 자체가 활발히 이루어지지 않을 경우 선물옵션의 프리미엄은 미국식이나 유럽식이나 큰 차이가 없게 된다는 특징이 있다.

section 02 | 옵션 수익구조의 수식 표현

옵션 기초자산의 만기 시점 가격을 S_T라 하고 행사 가격을 X라 하자. 옵션만기 시점의 수익의 크기를 y라 할 때 이를 수식으로 표현해 보자.

❶ $S_T > X \rightarrow S_T - X > 0 \rightarrow y = S_T - X$

❷ $S_T < X \rightarrow S_T - X < 0 \rightarrow y = 0$

❶의 경우 옵션이 내가격으로 끝난 경우(당첨)를 의미하며, ❷의 경우는 옵션이 외가격으로 끝난 경우(낙첨)에 해당한다.

❶과 ❷를 합쳐서 간단하게 표시할 수 있는 방법은 $Max(a, b)$라는 연산자를 이용하는 방법이다. 즉, $Max(a, b)$는 둘 중에 큰 숫자를 골라내는 연산자이다. 예를 들어 $Max(2, 3) = 3$으로 표시될 수 있다. 따라서 만기 시점에서의 기초자산 가격 S_T가 행사 가격 X보다 상승 시 상승분 $S_T - X$만큼의 수익이 발생하고, S_T가 X 이하로 떨어질 경우 낙첨이 되면서 0의 수익이 발생하는 콜옵션의 수익구조는 $y = Max(0, S_T - X)$로 표시가 가능하다.

한편 풋옵션은 기초자산을 미리 정한 행사 가격에 팔 수 있는 권리로서 행사 가격보다 하락 시 하락분만큼 이익이 되는 복권으로 해석이 가능하므로 이를 이용할 경우 풋옵션의 만기 시점 수익구조는 $y = Max(0, X - S_T)$가 된다.

옵션의 프리미엄 사이에 성립하는 기본 관계식

향후 논의를 위해 다음과 같이 기호를 정의하자.

S_t : 기초자산의 현재가

S_T : 옵션만기 시점에서의 기초자산 가격

X : 옵션의 행사 가격

t : 현재 시점

T : 옵션만기 시점

τ : 옵션만기까지의 잔여기간을 연단위로 표시한 값

(예 : 잔여만기가 1개월일 경우 $\tau = 1/12$년)

r : 현재 시점부터 옵션만기까지의 이자율(연율로 표시)

$r\tau$: 현재 시점부터 옵션만기 시점까지의 실제기간 이자율

(예 : $r=6\%$, $\tau = \dfrac{1}{12}$년이라 할 때 $r\tau = 0.5\%$로서 남은 기간동안 실제로 지급되는 이자율이 0.5%라는 것을 의미함)

B_t : 옵션만기 시점에서 행사 가격만큼을 지급하는 순수할인채권의 현재할인가치를 의미하는데, 이를 수식으로 표현시 $\dfrac{X}{(1+r\tau)}$ 혹은 $e^{-r\tau}X$로 표시가능

(예 : $X=100$, $r\tau = 0.5\%$라 할때 $B_t = \dfrac{100}{(1+0.5\%)} = 99.50$임)

σ : 기초자산의 변동성을 나타내는 변동성 계수(일반적으로 기초자산 가격 변화율의 표준편차를 의미함)

c_t : 유럽식 콜옵션의 프리미엄

p_t : 유럽식 풋옵션의 프리미엄

(1) $c_t < S_t$

유럽식 콜옵션의 현재 시점 프리미엄은 기초자산 가격보다는 작다.

> ! **예시**
>
> X가 양수일 경우 만기 시점에서 $Max(0, S_T - X) < S_T$가 성립한다. 즉, 콜옵션으로부터의 수익의 크

기가 기초자산 자체의 만기 시점 가격보다는 항상 작게 된다. 그런데 현재 시점에서 콜옵션을 매입하는 데 드는 투자비용은 c_t 이고 기초자산을 매입하는데 드는 비용은 S_t가 되므로 투입비용면에서 콜옵션 매입비용이 기초자산 매입비용보다도 작아야 정상이다. 즉, 산출이 큰 쪽이 투입도 커야만 정상인데, 이것이 바뀌면 차익거래가 가능하므로 균형 상태가 아니다. 따라서 $c_t < S_t$가 성립한다.

$$T\text{시점 output} \rightarrow \text{call} : Max(0,\ S_T - X) < \text{stock} : S_T$$
$$t\text{시점 input} \rightarrow \text{call} : c_t \qquad\qquad < \text{stock} : S_T$$

(2) $p_t < B_t$

유럽식 풋옵션의 현재 시점 프리미엄은 만기 시점에서 X만큼을 지급하는 순수할인채의 현재할인가보다 작다(행사 가격의 현재 할인가보다 작다).

> **❗ 예시**
>
> 만기 시점에서 $Max(0,\ X - S_T) < X$가 성립한다. 위에서와 마찬가지로 산출이 상대적으로 크면 투입도 상대적으로 커야 정상이다. 그런데 만기 시점에서 좌변의 산출을 만들어 내려면 현재 시점에서 풋옵션을 매수해야 하고 우변의 산출을 만들어 내려면 현재 시점에서 채권을 매입해야 한다. 따라서 풋옵션의 현재 시점 프리미엄은 채권의 현재 할인가보다 작아야 정상이다. 즉, $p_t < B_t$가 성립한다.

(3) $c_t > S_t - B_t$

유럽식 콜옵션의 현재 시점 프리미엄은 기초자산 현재가에서 채권(만기에 X만큼을 지급하는 채권)의 현재 할인가를 뺀 값보다 크다.

> **❗ 예시**
>
> 현재 시점에서 기초자산을 매입하는 동시에 옵션만기 시점에서의 원리금이 X만큼 되도록 자금을 조달하는 경우 이 포지션(A라 하자)에 대한 현재 시점에서의 순투입비용은 $S_t - B_t$가 된다. 그런데 A 포지션은 만기 시점에 가면 매수한 주식이 S_T만큼의 가치를 가지게 되지만 조달한 자금의 원리금 X만큼을 갚아야 하므로 포지션의 순가치는 $S_T - X$가 된다. 그런데 콜옵션의 만기 시점 가치는 $Max(0,\ S_T - X)$가 된다. 따라서 수식의 정의에서 $Max(0,\ S_T - X) > S_T - X$가 성립하므로 콜옵션에 대한 투입비용이 A포지션에 대한 투입비용보다 커야 정상이다.
>
> 따라서 $c_t > S_t - B_t$가 성립한다.

(4) $p_t > B_t - S_t$

유럽식 풋옵션의 현재 시점 프리미엄은 채권(만기에 X 만큼을 지급하는 채권)의 현재 할인가에서 기초자산 현재가를 뺀 값보다 크다.

　현재 시점에서 기초자산에 공매도(short sell) 포지션을 취하는 동시에 옵션만기 시점에서의 원리 금이 X만큼 되도록 자금을 운용하는 경우 이 포지션(E라 하자)에 대한 현재 시점에서의 순투입비용 은 $B_t - S_t$가 된다.

　그런데 E포지션은 만기 시점에 가면 공매도한 주식이 S_T만큼의 가치를 가지게 되면서 운용한 자금 의 원리금 X만큼이 유입되므로 포지션의 순가치는 $X - S_T$가 된다. 그런데 풋옵션의 만기 시점 가치 는 $Max(0, X - S_T)$가 된다. 따라서 수식의 정의에서 $Max(0, X - S_T) > X - S$가 성립하므로 풋옵션에 대한 투입비용이 E포지션에 대한 투입비용보다 커야 정상이다.

　따라서 $p_t > B_t - S_t$가 성립한다.

section 04 풋-콜 패리티(put-call parity)와 그 응용

풋-콜 패리티 조건은 옵션에 관련된 여러 가지 관계식 중에서 가장 중요한 역할을 하는 이 론이다. 이 관계식은 여러 가지 의미로 해석될 수가 있다. 기본적으로 이 식은 풋옵션 및 콜옵 션의 프리미엄과 기초자산 및 채권 가치 간의 관계를 보여 주지만 또 한편으로 이를 확장 시 여러 가지 포지션들 간의 동등성(equivalence)을 보여 주는 식으로 이용될 수 있다. 또한 이 식 은 그 관계를 증명하는 과정에서 여러 가지 함축적 의미를 추출해 낼 수도 있다. 구체적으로 옵션을 이용한 각종 차익거래전략을 만드는 데 함축성을 지니며, 나아가 포트폴리오 보험전 략을 개발하는 데도 상당한 의미를 지닌다.

1   풋-콜 패리티 조건의 기술

만기와 행사 가격이 동일한 유럽식 풋옵션과 콜옵션 프리미엄 사이에는 다음의 관계가 성립한다.

$$p_t + S_t = c_t + B_t$$

2   조건의 증명

위에 기술된 풋-콜 패리티 조건을 증명하기 위해 우선 다음과 같은 두 개의 포트폴리오 A와 D를 상정해 보자.

❶ 포트폴리오 A : 풋옵션과 기초자산이 편입되어 있음
❷ 포트폴리오 D : 콜옵션과 채권이 편입되어 있음

여기서 풋옵션과 콜옵션은 만기와 행사 가격이 동일한 유럽식 옵션이고 채권은 옵션만기 시점에서 행사 가격만큼을 지급하는 순수 할인채권이다.

이제 포트폴리오 A와 D의 현재 시점 가치를 각각 $V_t(A)$와 $V_t(D)$로 표시하자. $V_t(A)$와 $V_t(D)$의 크기는 어떠할까? 포트폴리오 A에는 풋옵션과 기초자산이 편입되어 있으므로 $V_t(A) = p_t + S_t$라고 표시될 수 있다.

한편 포트폴리오 D에는 콜옵션과 채권이 편입되어 있으므로 $V_t(D) = c_t + B_t$라고 표시될 수 있다. 그런데 풋-콜 패리티 식과 위의 식들을 비교해 보면 우리는 풋-콜 패리티 식의 좌변은 $V_t(A)$, 우변은 $V_t(D)$임을 알 수 있다.

결국 풋-콜 패리티 조건을 V_t를 이용하여 다시 기술해 보면

$$p_t + S_t = c_t + B_t \leftrightarrow V_t(A) = V_t(D)$$

로 표시될 수 있다.

이 관계를 음미해 보면 풋-콜 패리티 조건은 곧 포트폴리오 A와 포트폴리오 D라는 두 포트폴리오의 현재 시점 가치가 동일하다는 명제로 해석이 되는 것이다.

그러면 이제 두 포트폴리오의 현재 시점 가치가 동일하다는 것을 어떻게 증명할까? 그 순

서는 다음과 같다.

❶ 우선 옵션만기 시점(T시점)에서 두 포트폴리오의 가치가 동일하다는 것을 보여 준다.
❷ 만기 시점에서 가치가 같아지게 되어 있는 두 포트폴리오의 현재 시점 가치가 다를 경우 차익거래가 집중되면서 이 상황을 계속 유지하는 것이 불가능해진다. 따라서 균형에서는 차익거래가 불가능해지면서 풋-콜 패리티가 성립한다.

두 포트폴리오의 가치가 만기 시점에서 같아진다는 부분의 증명을 위해 우선 옵션만기 시점의 두 포트폴리오의 가치를 표시해 보자. 포트폴리오 A의 경우 풋옵션과 기초자산(주식)이 편입되어 있는데, 풋옵션의 만기 가치는 $Max(0, X-S_T)$로 표시될 수 있고 기초자산의 만기 시점 가치는 S_T로 표시될 수 있다. 따라서 $V_T(A)$는 이 둘의 합으로 표시된다.

이를 계산하면,

$$V_T(A) = Max(0, X-S_T) + S_T$$
$$= Max(0+S_T, X-S_T+S_T)$$
$$= Max(S_T, X)$$

따라서 포트폴리오 A의 만기 시점 가치는 기초자산 시세(S_T)와 행사 가격(X) 중에서 큰 쪽으로 결정된다.

여기서 연산자 Max에 대해 배분법칙이 성립한다는 부분에 대해 간단하게 언급하기로 하자. 만일 $Max(4, 5)+6$을 계산한다고 할 때 우리는 4와 5 중에서 큰 수를 고른 후 6을 더하면 되므로 답은 11이 된다. 만일 $Max(4+6, 5+6)$을 계산한다면 이는 4와 5에 대해서 먼저 6을 양쪽에 더한 후 큰 쪽을 고르면 되므로 답은 11이다.

결국 큰 쪽을 먼저 고른 후에 다른 숫자를 더하는 것과 큰 쪽을 고르기 전에 먼저 양쪽에 각각 다른 숫자를 더한 후에 고르는 것이 모두 같은 결과를 가져오는 것이다.

따라서 $Max(a, b)+c=Max(a+c, b+c)$가 성립한다. 이를 이용하면 $Max(0, X-S_T)+S_T$ $=Max(0+S_T, X-S_T+S_T)=Max(S_T, X)$가 성립함을 보일 수 있다.

포트폴리오 D의 경우 콜옵션의 만기 가치는 $Max(0, S_T-X)$가 되고, 채권의 만기 시점 가치는 X가 되므로 이 포트폴리오의 만기 시점 가치는

$$Max(0, S_T-X)+X$$
$$=Max(0+X, S_T-X+X)$$
$$=Max(X, S_T)$$

가 되어 포트폴리오 D의 만기 시점 가치도 역시 기초자산 시세와 X 중에서 큰 쪽으로 결정됨을 알 수 있다.

결국 우리가 보여 준 것은 옵션만기 시점에서 두 포트폴리오의 가치가 동일해진다는 것이다. 즉, $V_T(A) = V_T(D)$가 된다는 것이다.

그렇다면 두 포트폴리오의 만기 시점 가치가 동일하다는 사실이 현재 시점 가치가 동일하다는 것을 보장할 수 있는가? 즉, $V_T(A) = V_T(D)$가 성립하면 $V_t(A) = V_t(D)$가 보장되는가? 일반적으로 이 관계는 보장되지는 않는다.

그러나 우리가 차익거래 불능 상태가 균형이라는 논리를 도입할 경우 이 관계는 보장될 수 있다. 즉, 차익거래 불능 상태가 균형이라는 논리를 전제로 할 경우 두 포트폴리오의 현재 시점 가치는 균형 상태에서 같아져야 한다.

만기 시점에서 가치가 반드시 동일해지도록 되어 있는 두 포트폴리오에 대해서 이들의 현재 시점 가치가 만일 다르다면 투자자들은 차익거래기회를 포착할 수 있게 된다. 즉, 가격이 비싼 포트폴리오를 매도(발행)하여 이 포트폴리오의 현재 시점 가치를 챙기는 동시에 이 자금으로 가격이 싼 쪽을 매수할 경우 투자자에게는 양쪽의 가격차이만큼 남게 되고, 이 차이는 고스란히 투자자의 몫이 된다. 즉, 무위험차익이 생기는 것이다.

다시 말해 발행한 포트폴리오 때문에 투자자에게는 갚을 돈이 생기고 매수한 포트폴리오로 인해 투자자에게는 받을 돈이 생기는데, 확실한 것은 갚을 돈과 받을 돈이 동일하다는 부분이 보장되므로 현재 시점 가격차는 위험이 없이 고스란히 챙길 수 있는 것이다.

이를 다시 표현해 보면, 포트폴리오 A의 현재 시점 가치가 100이고 포트폴리오 D의 현재 시점 가치가 102일 경우 투자자는 포트폴리오 D를 102의 가격에 발행하는 동시에 포트폴리오 A를 100의 가격에 매수하여 2만큼의 차익을 챙길 수 있는 것이다. 왜냐하면 만기 시점에 가서 어차피 두 포트폴리오의 가치는 무조건 같아지므로 매수한 포트폴리오 A로부터의 수익을 가지고 매도한 포트폴리오 D에 대한 지출을 커버할 수 있기 때문이다.

여기서 포트폴리오 D를 매도(발행)한다는 것은 콜옵션을 매도(발행)하는 동시에 채권을 발행(자금차입)함을 의미한다. 다시 말해 원리금이 X가 되는 만큼의 자금을 차입하고 콜옵션 매도(발행)를 통해 프리미엄을 챙기면 X의 현재가치에 해당하는 액수(B_t)와 콜의 현재 시점 프리미엄(C_t)의 합에 해당하는 수입이 발생하는 것이다(총 102만큼의 자금 유입).

또한 이 자금으로 풋옵션과 기초자산을 매수(총 100만큼의 자금지출)할 경우 총 100의 자금지출이 생기므로 102와 100의 차이인 2만큼을 무위험으로 챙길 수 있는 것이다.

그러면 이러한 차익거래기회는 계속 유지가능한가? 그렇지는 못하다. 왜냐하면 이런 식의 차익거래가 여러 투자자들에 의해 시행될 경우 102와 100이라는 가격은 더 이상 유지될 수 없기 때문이다. 즉, 높은 가격을 가진 포트폴리오 D는 계속 매도(발행)대상이 되므로 가치가 하락하게 되고, 낮은 가격을 가진 포트폴리오 A는 매수대상이 되어 가격이 계속 상승할 것이기 때문이다.

결국 두 포트폴리오의 가치가 동일해질 때까지 차익거래가 계속되다가 두 포트폴리오의 가치가 동일해지는 시점에서 더 이상 차익거래기회는 존재하지 않게 되고 두 포트폴리오의 가치 간에는 균형이 성립하는 것이다.

> 차익거래 가능 상황＝계속 유지 불가능 상황＝불균형 상태
> 차익거래 불가능 상황＝계속 유지 가능 상황＝균형 상태

결국 차익거래가 불가능한 상황이 균형 상태이고, 차익거래 불능 상황은 곧 두 포트폴리오의 가치가 동일해지는 상태이므로 두 포트폴리오의 가치가 동일한 상태가 균형 상태인 것이다.

이를 풋-콜 패리티의 증명에 적용하면서 정리해 보면,

❶ 우선 $V_t(A) = V_t(D)$가 성립하므로 만기 시점에서 두 포트폴리오의 가치는 동일하다.

❷ 이에 따라 현재 시점에서 A와 D 두 포트폴리오의 가치가 달라져서 $V_t(A) \neq V_t(D)$가 성립하는 경우, 다시 말해 $V_t(A) > V_t(D)$이거나 $V_t(A) < V_t(D)$처럼 한쪽이 커지는 상황은 차익거래가 가능하다는 점에서 계속 유지가 불가능 상태, 곧 불균형 상태이다.

❸ 따라서 현재 시점에서 $V_t(A) = V_t(D)$가 성립하여 두 포트폴리오가 동일해져야만 차익거래가 불가능해지면서 균형 상태가 된다.

결국 현재 시점을 기준으로 균형 상태에서 풋-콜 패리티가 성립한다.

$$p_t + S_t = c_t + B_t$$

3 포지션의 동등성

여기서 얻을 수 있는 중요한 결론은 포트폴리오 A와 포트폴리오 D에 대한 평가를 함에 있어서 이 두 포트폴리오는 만기 시점 수익도 같고($V_T(A) = V_T(D)$) 현재 시점에서의 가치도 동일하므로($V_t(A) = V_t(D)$) 이 두 포트폴리오 사이에 동등성이 성립한다는 점이다.

즉, 현재 시점에서 두 포트폴리오 중에서 어느 쪽에 투자해도 투자비용도 같고 만기수익도 동일하게 되므로 어느 쪽에다 투자해도 동일하다는 명제가 성립하는 것이다. 이를 수식으로 표현하면, $p_t + S_t \sim c_t + B_t$의 관계가 성립한다.

따라서 이를 토대로 좌변과 우변 간 포지션을 이항하면,

① $p_t \sim c_t + B_t - S_t$
② $S_t \sim c_t + B_t - p_t$
③ $c_t \sim p_t + S_t - B_t$
④ $B_t \sim p_t + S_t - c_t$

가 성립한다.

①은 콜옵션 매수＋채권 매수(자금운용)＋주식대차거래의 합은 풋옵션과 동일하다는 것이며, ②는 콜옵션 매수＋채권 매수＋풋옵션 발행의 합은 주식 매수와 동일한 포지션이라는 것이다.

③은 풋옵션 매수＋주식 매수＋채권 발행(자금조달)의 합은 콜옵션과 동일한 포지션이라는 것이고, ④는 풋옵션 매수＋주식 매수＋콜옵션 발행의 합은 채권과 동일한 포지션이라는 것이다.

이러한 관계를 잘 이용할 경우 우리는 장외시장에서도 그때 그때 필요한 포지션을 직접 구성하기가 여의치 않을 경우 원하는 포지션을 합성해 낼 수 있는 근거를 얻게 된다.

4 포트폴리오 보험과의 연결

이제 풋-콜 패리티의 증명과정에서 나타난 두 가지 결과에 대해 주목해 보자. 우리는 포트폴리오 A와 D의 만기 시점 가치가 동일해짐을 보이면서 두 포트폴리오가 모두 만기 시점에서는 $Max(S_T, X)$가 됨을 확인하였다. 우선 이 식을 그래프로 나타내 보자. 즉,
$y = Max(S_T, X)$의 그래프를 (S_T, y)평면에 나타내 보자.

① 만기 시점에서 기초자산 가격 S_T가 X보다 작아질 경우, 즉 $S_T < X$의 조건이 성립할 경우 y값은 둘 중에 더 큰 X가 되어 $y = X$가 성립한다.
② 만기 시점에서 기초자산 가격 S_T가 X보다 커져서 $S_T > X$가 성립할 경우, y는 S_T가 되어 $y = S_T$가 성립한다.

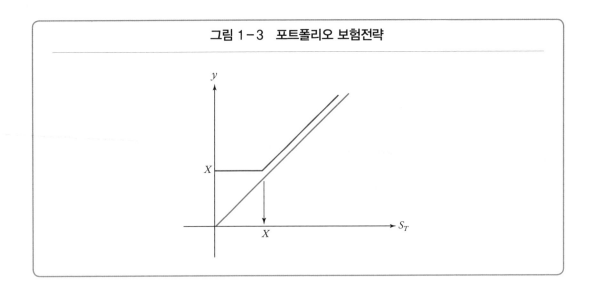

그림 1-3 포트폴리오 보험전략

이를 정리하면,

$$S_T \leqq X$$이면 $$y=X$$
$$S_T > X$$이면 $$y=S_T$$

가 되는 것이다.

이를 그래프로 나타내면 〈그림 1-3〉에서 검은 선으로 표시된 함수가 된다.

그런데 이 그래프는 매우 흥미로운 수익구조를 가진다. 즉, 만기 시점의 기초자산 가격(이하 주식 가격)이 X(이하 100이라고 가정하자)보다 클 경우 주식 가격만큼을 챙길 수 있고 주식 가격이 $X(=100)$보다 하락하더라도 100을 보장받게 되는 것이다. 이를 다시 해석해 보면 주식 가격 하락에 대한 일종의 방어벽이 구축되어 있다고 해석이 가능하다.

일반적으로 기초자산을 주식 포트폴리오라 할 때 포트폴리오의 가치가 상승할 경우 상승한 만큼 다 챙기되 일정 수준 이하로 하락 시 방어벽을 구축하는 전략, 다시 말해 상승 잠재력(upward potential)과 하락 방어벽(downward protection)이 사전적으로 한꺼번에 구축되어 있는 포트폴리오 운용전략을 포트폴리오 보험전략(portfolio insurance)이라 한다. 이러한 포트폴리오 전략은 미리부터 위험관리를 전제로 거래를 시작한다는 점에서 의미가 있다.

그런데 지금까지 우리의 논의를 이용하면 포트폴리오 A 또는 포트폴리오 D를 보유할 경우 만기가치가 바로 $Max(S_T, X)$로서 〈그림 1-3〉의 검은 선에 해당한다. 결국 둘 중 어느 포트폴리오를 보유하든지 투자자는 포트폴리오 보험전략을 시행하고 있는 것이다. 그러면 이 전략들에 대해 좀더 자세히 살펴보자.

(1) 포트폴리오 A : 방어적 풋 전략

현재 시점에서 포트폴리오 A를 구입한다는 것은 곧 기초자산인 주식 포트폴리오를 매입하는 동시에 그 포트폴리오에 대한 풋옵션을 매수한다는 것이다. 이 경우 만기 시점에서 주식 가격이 X보다 상승할 경우 풋옵션은 무의미해지지만 오른 주식 가격으로 인한 포트폴리오의 가치 상승분은 그대로 투자자의 몫이 된다. 반대로 만기 시점에서 주식 가격이 X보다 하락할 경우에는 풋옵션을 통한 이익이 발생하면서 포트폴리오 가치 하락분을 상쇄하게 되어 전체 포트폴리오의 가치를 옵션 행사 가격 수준에서 방어할 수 있게 된다.

이처럼 주식 포트폴리오를 보유한 상태에서 보험을 드는 것과 비슷하게 풋옵션을 매입하는 전략을 방어적 풋(protective put) 전략이라고 한다. 이 전략은 상당히 효과적인 전략임은 사실이지만 상당한 보험료를 지불해야 하는데, 곧 풋옵션을 매입하는 데 따른 프리미엄 지출 규모가 큰 점이 단점이다. 보험효과가 확실한 만큼 비용도 많이 드는 것이다.

(2) 포트폴리오 D : 현금 뽑아내기 전략

포트폴리오 D와 같이 채권 매수와 동시에 콜옵션을 매수하는 전략을 일명 현금 뽑아내기 (cash extraction) 전략이라 한다. 그 논리는 아주 간단하다. 일정 액수의 자금(예를 들어 100억 원)을 운용함에 있어서 원금을 보존하는 동시에 주식 가격 상승 시 이익도 아울러 챙기는 방법은 일단 채권을 90억 원 정도 매수하여 투자만기 시점(예를 들어 1년 후)에 가서 원리금이 100억 원이 되도록 하는 것이다. 이 경우 10억 원 정도의 현금은 이자차액으로 인한 여유자금으로 해석할 수 있고 이 여유분만큼의 현금을 미리 뽑아서 콜옵션같이 레버리지가 큰 상품에 투자하는 것이다.

콜옵션의 경우 기초자산 가격 상승 시 상당한 수익이 나올 수 있게 되므로 주식 가격의 상승 잠재력은 콜옵션으로 챙기고 하락 부분에 대해서는 채권을 통해 방어하는 것이다. 이러한 전략을 확장하여 응용하면 채권 매입 후 남는 여유분을 레버리지가 큰 상품, 즉 고수익/고위험 투자대상에 얼마든지 투자할 수 있는 것이다. 예를 들어 그 투자대상은 콜옵션뿐만 아니라 풋옵션이나 선물 혹은 기타 높은 레버리지 투자형 상품도 될 수 있는 것이다.

또한 이 전략은 수익률을 일정 수준 이상으로 방어하는 목적에도 사용될 수 있다. 예를 들어 90억 원의 채권을 매입한 후 나머지 10억 원에 대해 5억 원 이하로 가치가 하락할 경우 즉시 포지션을 청산하고 채권으로 전환하도록 한다면 수익률을 대략 5%에서 방어할 수 있게 된다.

예를 들어 한 기업이 발행하는 전환사채(CB) 혹은 신주인수권부사채(BW)를 매입할 경우 투자자는 일정 수익률을 보장받는 동시에 CB발행기업 주식의 가격이 상승할 경우 상승분만큼 이익을 보게 된다. 따라서 CB 및 BW매입전략은 일종의 현금 뽑아내기 전략으로 해석될 수 있으며, 광범위한 의미의 포트폴리오 보험전략이라고 볼 수 있는 것이다(단 기업의 파산위험은 고려대상에서 제외).

(3) 동적 자산배분 전략 : 협의의 포트폴리오 보험전략

방어적 풋 전략에서는 상승 잠재력은 주식으로 하락 위험은 풋옵션으로 커버하였고, 현금 뽑아내기 전략에서는 상승 잠재력은 콜옵션으로 하락 위험은 채권으로 커버하였다. 그렇다면 두 전략에서 주식은 상승 잠재력, 채권은 하락 위험 방어의 역할을 하고 있음을 알 수 있다.

동적 자산배분 전략은 이처럼 주식과 채권으로 자금을 운용함으로써 상승 잠재력과 하락 위험 방어라는 두 가지 목표를 동시에 달성하고자 하는 전략이다. 즉, 주식이 일정 비율 이상 오르면 채권을 팔고 주식을 더 매입한다. 반대로 주식이 떨어지면 주식을 팔고 채권을 매입한다. 이 경우 주가의 움직임에 따라 끊임없이 자산 편입비율이 변동을 하게 되고 주가 상승 시 주식 편입비율이 늘어나는 데 따른 이익과 주가 하락 시 주식 편입비율이 하락하는 데 따른 방어효과가 달성된다. 따라서 이 전략은 다음의 몇 가지 특징을 가지게 된다.

첫째, 프리미엄을 따로 지불할 필요가 없다. 방어적 풋 전략이나 현금 뽑아내기 전략에서는 옵션매수에 따른 프리미엄 유출이 꽤 커지는 단점이 있는데, 동적 자산배분에서는 일단 포트폴리오 전체를 주식과 채권으로 운용함으로써 따로 프리미엄을 지급할 필요가 없다. 결국 옵션을 직접 매수하지 않고 옵션 포지션을 복제해 냄으로써 옵션 프리미엄만큼을 절약할 수 있는 것으로 인식이 된다(실제로는 동적 자산배분에도 눈에 잘 드러나지 않는 비용이 존재한다).

둘째, 편입비율을 상황에 따라 계속해서 조정해 가되 주가 상승 시 주식 편입비율을 늘리고 하락 시 주식 편입비율을 줄이며, 나머지 자금은 채권에 투입한다. 따라서 채권의 편입비율은 주식 가격의 방향과 반대로 움직인다. 이처럼 자산 편입비율이 주식 가격의 향방에 따라 계속해서 변해가게 되므로 이 전략을 동적 자산배분 전략이라고 부르게 된다. 따라서 주식 가격이 상승 시 주식 편입비율은 계속 증가하여 일정 수준 이상이 될 경우 주식 편입비율이 100%가 되어 주식 가격 상승 잠재력을 100% 가까이 누릴 수 있게 된다. 반대로 주식 가격이 하락 시 주식 편입비율은 계속 감소하게 되고 일정 수준 이하가 될 경우 주식 편입비율을 0%, 채권 편입비율은 100%가 되므로 포트폴리오 가치 하락을 일정 수준에서 방어할 수 있게 된다. 물론 이때 구체적인 비율은 옵션 가격결정 모형을 이용하면 어느 정도 해결할 수 있다.

옵션 가격결정 모형을 이용 시 주식 편입비율을 콜옵션의 델타값과 동일하게 유지하면 포트폴리오 가치를 대략 콜옵션의 행사 가격 수준에서 방어할 수 있다. 다시 말해 방어 수준을 콜옵션의 행사 가격으로 설정한 후 이 값을 대입하여 얻어진 콜옵션의 델타값을 주식 편입비율로 이용하면 된다. 콜옵션의 델타값은 0에서 1 사이의 값을 가지고 주식 가격 상승 시 증가, 주식 가격 하락 시 감소하므로 이 숫자를 주식 편입비율(0%에서 100% 사이)로 이용할 수 있음을 직관적으로 이해할 수 있다.

셋째, 자산의 비율을 조정하는 간격의 문제가 있다. 즉, 주식 가격 상승비율과 편입비율 간의 조절을 어떻게 하느냐는 문제이다. 다시 말해 '주식 가격이 상승했는데(예를 들어 3%), 주식을 더 매입할 것이냐'라는 문제가 중요한 것이다. 이를 비율재조정(rebalancing)이라 하는데, 예를 들어 주가가 5% 상승 시 비율재조정을 한다고 정해 놓은 경우 3% 정도 주가가 상승하더라도 비율 재조정을 하지는 않게 된다. 이 간격을 어떻게 할 것인가 하는 것은 매우 중요한 문제이다. 왜냐하면 간격을 너무 크게 하면 민첩한 대응이 안되면서 시기를 놓치게 되어 오를 경우 너무 늦게 비싼 가격에 매수를 하게 되고 떨어질 경우 너무 늦게, 싸게 팔게 되어 문제가 생긴다.

(4) 동적 헤징전략 : 채권 대신 선물을 이용하기

주가지수선물을 균형 가격 수준에서 매도하는 동시에 현물 주식을 매수할 경우 투자자는 선물 만기 시점까지의 금리 수준에 해당하는 이익을 챙길 수가 있다. 따라서 이 전략은 합성 채권 매수 전략이라고 한다.

우리나라의 경우 채권시장의 유동성이 그다지 좋은 편이 아니므로 동적 자산배분 전략을 수행하는 데 있어서 상당한 한계점이 노출된다. 즉, 주식 가격 상승에 따라 주식 편입비율을 늘릴 필요가 있을 때 투자자는 채권을 매도해야만 주식투자자금을 마련할 수 있는데, 채권시장의 유동성이 안 좋을 경우 채권 매도가 늦어지게 되고 그만큼 주식 매수 시점도 늦어져서 경우에 따라 상당한 차질이 빚어질 수 있다. 따라서 이러한 한계를 극복하는 데 있어서 합성 채권 매도 전략이 매우 유용할 수도 있다. 이때 좋은 방법은 우선 자금의 100%를 모두 주가지수와 연동된 인덱스 포트폴리오에 투자를 해 놓고 주가지수선물 매도 포지션을 조절함으로써 포트폴리오 보험전략을 시행하는 것이다. 지수선물 가격이 이론가 수준에 있다고 가정하고 주식 포트폴리오를 100억 원에 매수한 후 선물을 60억 원 정도 매도하면 주식 40%, 채권 60%의 포지션이 창출되고 선물을 40억 원 정도 매도하면 주식 60%, 채권 40% 포지션이 창출이 된다.

(5) 옵션을 이용한 차익거래

❶ 컨버전 전략 : 컨버전 전략은 합성 매도 포지션과 현물 매수 포지션을 병행하는 전략이다. 여기서 합성 매도는 동일한 행사 가격의 풋옵션 매수/콜옵션 매도를 통해서 기초자산 가격이 하락 시 이익을 보도록 포지션을 구축하는 방법이다. 예를 들어 행사 가격이 100인 풋옵션을 매수하는 동시에 행사 가격이 100인 콜옵션을 매도할 경우 기초자산 가격이 100보다 떨어질 경우 떨어진 만큼 이익, 100 이상일 경우 오른 만큼 손해를 보는 포지션, 다시 말해 100에 대한 선물 매도 포지션과 동일한 포지션이 창출이 된다. 이를 합성 매도 포지션이라 한다.

이러한 합성 매도 포지션과 현물 매수 포지션을 동시에 취할 경우 우리는 옵션만기 시점과 동일한 시점에서 만기가 되는 합성 선물 포지션을 이용한 매수차익거래 포지션을 만들어 낼 수 있게 되는데, 이를 컨버전 전략이라고 한다. 이를 수식으로 보면 다음과 같다.

풋-콜 패리티에 따르면 $p_t + S_t = c_t + B_t$가 성립하는데, 만일 좌변이 우변보다 작은 상황이 발행하였다고 하자. 즉, 현재 시점에서 $p_t + S_t < c_t + B_t$가 성립하는 경우 투자자는 이를 이용하여 차익거래를 시행할 수 있게 되는 것이다.

이를 풋-콜 패리티의 증명과정에서 등장한 두 개의 포트폴리오 A와 D를 연결시켜 보자. 위에서 본대로 균형에서는 A와 D의 현재 시점 가치는 동일해야 한다. 즉, $V_T(A) = V_T(D)$가 성립해야 하는 것이다. 그런데 위에 열거된 상황은 $V_T(A) < V_T(D)$가 성립하는 상황이다.

따라서 일시적으로 저평가된 포트폴리오 A를 매수하는 동시에 고평가된 포트폴리오 D를 매도할 경우 우리는 이 두 포트폴리오의 가치 차이를 무위험이익으로 챙길 수 있게 됨을 알 수 있다.

그러면 구체적으로 어떤 전략을 시행하는가? 우선 포트폴리오 D의 매도는 콜매도와 채권매도, 곧 콜옵션을 발행하여 프리미엄을 챙기는 동시에 채권 발행(자금차입)을 통해 자금을 조달하는 것을 의미한다. 한편으로 이 자금을 가지고 포트폴리오 A의 매수, 곧 풋옵션과 주식의 매수를 하면 된다. 결국 콜매도, 풋매수(합성 매도) 및 주식 매수와 자금차입이 동시에 일어나므로 합성 매도와 현물 매수가 동시에 일어나는 것과 동일하다. 이때 현물 매수와 합성 매도를 합쳐서 지수에 대한 매수차익거래라고 보면 자금차입을 차입하여 지수차익거래를 실시하는 것은 일종의 매수차익거래(cash and carry)전략인 것이다.

❷ 리버설 전략 : 리버설 전략은 앞에서 본 컨버전과 정반대이다. 이는 콜매수 풋매도의 합성 매수 전략과 현물 매도 곧 대차거래전략을 병행하는 것이다. 이는 일종의 주가지수 매도차익거래라고 파악될 수 있다. 위에서 본 대로 이 전략은 $p_t + S_t > c_t + B_t$가 성립할 경우 시행되는 전략이다.

먼저 포트폴리오 A를 매도(발행)하여 자금을 조달한다. 즉, 풋옵션을 발행하여 프리미엄을 챙기는 동시에 현물주식을 빌려다가 파는 대차거래를 통해 자금을 확보하고, 이 중 일부를 가지고 콜옵션을 매수하고 채권을 매수하면 일부 자금이 남는데, 이 부분이 차익거래에서의 이익이 되는 것이다.

리버설과 컨버전 전략을 수행하는 데 있어서 현물 포지션 대신 선물 포지션을 이용하는 방법도 있다. 이 경우 이는 합성 선물 매수(매도)와 실제 선물 매도(매수)를 이용한 차익거래가 되므로 이 역시 중요한 차익거래가 된다. 이는 $c_t - p_t = \dfrac{1}{1 + r\tau}(F_t - X)$의 공식을 이용하여 시행할 수 있는데, 만기와 행사 가격이 동일한 콜옵션과 풋옵션의 프리미엄이 선물 가격과 행사 가격의 차이보다 작아질(커질) 경우 콜옵션 매수/풋옵션 매도/선물 매도(콜매도/풋매수/선물 매수)를 통해 차익을 시행할 수 있다. 전자를 리버설, 후자를 컨버전이라고 부른다.

section 05 옵션 가격의 결정

1 이항 모형 가격결정

이 모형은 기본적으로 0시점과 1시점만이 존재하는 1기 모형으로서 옵션의 기초자산인 주식이 만기에 두 가지의 가격만을 가질 수 있다고 가정하여 옵션 가격을 구하는 방법이다.

커버된 콜옵션 전략이란 콜옵션을 매도하는 동시에 기초자산을 적정 수만큼 매수함으로써 일종의 무위험 포지션을 창출하는 전략을 의미한다.

콜옵션 매수는 기초자산 가격이 상승할 경우 이익을 보고, 콜옵션 매도는 기초자산 가격이 상승할 경우 손해를 보게 되는 전략이다. 따라서 콜옵션 매도와 기초자산 매수 포지션이 결합

될 경우 이는 중립적인 포지션이 된다. 실제로 많은 기관투자가들은 주식을 상당량 보유하고 있는 경우가 많은데, 이때 보유주식을 근거로 하여 콜옵션을 매도함으로써 프리미엄 수입을 챙기는 커버된 콜옵션 전략을 실행하고 있다. 프리미엄을 구하는 순서는 다음과 같다.

❶ 0시점의 주식 가격이 100이라 하고 만기가 1인 시점에 가서 주식 가격은 120 또는 80이 될 수 있다고 하자. 이 구조를 그림으로 표현할 경우 〈그림 1-4〉와 같다.

　이 그림에서 우리가 주목할 부분은 100의 가격을 가진 주식이 120 또는 80이 될 수 있다는 부분을 조금 달리 해석할 수 있다는 점이다. 다시 말해 이를 0시점에서 100을 투입 시 산출구조는 120 또는 80이 될 수 있다고 해석가능한 것이다. 즉, 이 구조는 주식 투자의 비용-수익구조를 보여 주고 있는 것이다. 0시점의 100은 투자에 있어서 초기 투자비용으로 1시점의 120 또는 80은 1시점에 있어서 투자수익으로서 해석할 경우 의미는 분명해진다.

❷ 이를 토대로 행사 가격이 100인 콜옵션 투자의 비용-수익구조를 구해 보자. 행사 가격이 100이므로 1시점에서 주가가 120이 될 경우 20의 수익이 발생하고 주가가 80이 될 경우 낙첨이 되어 수익은 0이 된다. 옵션 프리미엄을 c라 할 때 0시점에서 c만큼을 투입할 경우 만기 시점에서 20 또는 0의 수익이 산출되는 것이다. 이를 그림으로 표현하면 콜옵션 투자의 비용-수익 구조는 〈그림 1-5〉와 같다.

❸ 이제 주식과 콜옵션 매도를 병행하는 커버된 콜전략을 실행한다고 하자. 이때 콜옵션 매도와 병행되는 주식 매수비율은 1 : 1이 아니고 1 : a라고 하자. 이 전략에 대한 투자의 비용-수익구조는 약간 복잡하다. 우선 0시점에서 투자자는 콜옵션을 한 계약 발행(=매도)하는 동시에 주식을 a개 매수한다. 매도대상 콜옵션의 행사 가격은 100이고 프리미엄은 c이다(우리의 목표는 c가 얼마인지를 구하는 것이다).

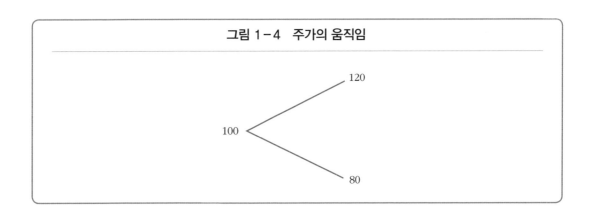

그림 1-4　주가의 움직임

100 〈
120
80

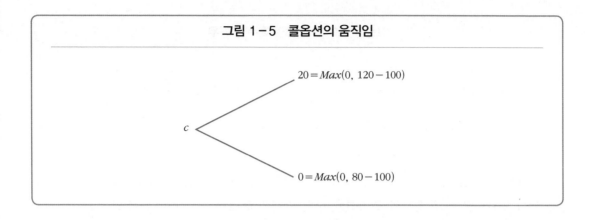

그림 1-5 콜옵션의 움직임

$$20 = Max(0,\ 120 - 100)$$

c

$$0 = Max(0,\ 80 - 100)$$

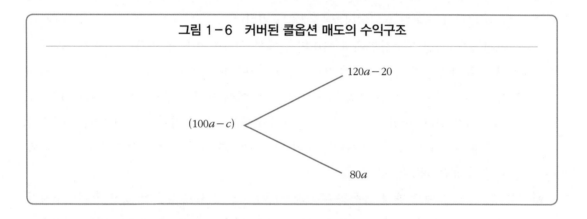

그림 1-6 커버된 콜옵션 매도의 수익구조

$$120a - 20$$

$$(100a - c)$$

$$80a$$

이 경우 0시점 순투자비용은 주식을 매수하느라고 들어간 액수 $100 \times a$에서 콜옵션을 발행하여 받은 돈 c를 뺀 가격이 된다. 즉, $(100 \times a - c)$가 된다. 그러면 이러한 투자에서의 수익액수는 어떠한가? 두 가지가 가능하다. 먼저 주가가 120이 된 경우를 보자. 주가가 120으로 상승 시 0시점에서 매수한 주식의 1 시점 가치는 $120 \times a$가 되지만, 이 경우 0 시점에서 발행한 옵션이 당첨되면서 당첨금을 지급해야 하므로 산출액수는 $120 \times a - 20$이 된다. 만일 주가가 80이 될 경우 보유한 주식의 가치는 $80 \times a$가 되지만 옵션이 낙첨이 되면서 당첨금 지급이 없어지므로 산출액수는 $80 \times a$가 된다. 커버된 콜전략 투자의 비용-수익구조를 그림으로 표현하면 〈그림 1-6〉과 같다.

❹ 이제 여기서 아주 중요한 질문을 하나 던질 수 있다. 즉, 커버된 콜옵션 전략을 통해 구축한 포지션의 가치가 주식 가격이 오르든지 내리든지 불변인 상황이 가능한가? 즉, 무위험투자가 될 수 있는가? 가능하다면 어느 경우인가?

답은 주식 가격이 올랐을 때의 포지션 가치인 $(120a - 20)$이 주식 가격이 떨어졌을

$$(100 \times 0.5 - c) \longrightarrow 40(=120 \times 0.5 - 20 = 80 \times 0.5)$$

때의 포지션 가치인 $80a$와 동일해질 경우에 가능해진다. 결국, $120a - 20 = 80a$, 즉, a가 0.5가 될 때 투자자의 포지션은 주식 가격의 등락에 무관한 무위험 포지션, 즉 채권 포지션과 동일한 포지션이 되는 것이다. 옵션을 한 계약 발행하는 동시에 주식을 0.5개 매수시 이러한 무위험 포지션이 가능해지는 것이다.

이제 a가 0.5인 특수상황에서 커버된 콜매도 전략이 어떻게 변하는가 보자. a가 0.5인 경우 투자자는 초기에 가격이 100인 주식 0.5단위를 50을 지불하여 매수하는 동시에 프리미엄이 c인 옵션을 한 계약 발행하게 되고, 이때 초기 순투자비용은 $100 \times (0.5) - c = (50 - c)$가 된다. 한편 1 시점에 가서 커버된 콜포지션의 가치는 주식 가격의 등락과 무관하게 $120 \times 0.5 - 20 = 80 \times 0.5 = 40$이 된다. 즉, $(50 - c)$의 초기 투자가 1기 후에 확실한 수익 40을 내주는 것이다.

❺ 커버된 콜에서 매도 대상 옵션과 주식의 비율을 (1 : 0.5)로 유지할 경우 무위험투자가 되면서 $50 - c$의 투입 대비 40의 확실한 산출이 나온다고 할 때 산출이 일정한 액수로 정해진 투자의 수익률은 이자율과 동일해져야 한다. 왜냐하면 이 투자로부터의 수익률이 이자율보다 높아지면 이러한 투자로 우선 많은 돈이 몰리게 된다. 이 경우 주식 매수 수요가 증가하고 옵션 발행이 증가하면서 현재 시점에서 주가 상승＋옵션 발행가 하락이 나타나면서 투입액수가 늘어나는 바람에 투자수익률은 줄어들 것이다. 만일 투자수익률이 이자율에 못 미치면 어떠한가? 이러한 투자가 줄어들면서 주식 매입 수요의 감소에 따른 주가 하락과 옵션 발행 위축에 따른 옵션 프리미엄의 상승 덕분에 초기 순투자액수가 하락하면서 투자수익률은 높아지게 된다.

결국 무위험투자에 대한 수익률은 이자율과 동일해지면서 $(50 - c)(1 + r) = 40$의 관계가 성립된다. 여기서 1기간 이자율 r을 1%라고 가정할 경우 $(50 - c)(1 + 0.01) = 40$이 성립하면서 c의 가치는 균형에서 10.4가 된다. 결국 주식 가격과 이자율로부터 콜옵션의 가격이 유도되는 것이다.

이 모형을 좀더 음미해 보면 우리는 중요한 사실을 발견할 수 있다. 즉, 옵션 가치를 산정함에 있어서 옵션과 주식을 결합하여 채권 포지션을 창출한 후 채권의 수익률인 이자율과 주식 가격으로부터 거꾸로 옵션의 가격을 유도해 낸 것이다. 이러한 논리는 블랙과 숄즈가 그의 옵션 가격결정 모형을 유도할 때 이용한 방법을 그대로 이항 모형에 적용한 것으로서 옵션 가격의 결정과정을 이해하는 데 매우 중요한 역할을 한다.

2 블랙-숄즈 공식

블랙-숄즈 공식에 따르면, 만기까지는 주식에 대한 배당이 없는 주식에 대한 유럽식 콜옵션의 현재 시점 프리미엄 c_t는 다음과 같이 결정된다.

$$c_t = S_t N(d_{1,t}) - B_t N(d_{2,t})$$

$$\text{여기서 } d_{1,t} = \frac{\ln\left(\frac{S_t}{X}\right) + \left(r + \frac{1}{2}\sigma^2\right)\tau}{\sigma\sqrt{\tau}}$$

$$d_{2,t} = d_{1,t} - \sigma\sqrt{\tau}$$

S_t : 기초자산의 현재가

B_t : 만기 시점에서 콜옵션의 행사 가격인 X만큼을 지급하는 순수 할인채권의 현재 시점 할인가치

r : 만기까지의 이자율(연율)

τ : 잔여만기(연단위)

σ : 변동성 계수

위의 콜옵션 프리미엄 계산식을 직관적으로 해석하면 콜옵션 행사를 대비하여 취득한 필요한 양(델타)만큼의 현재 기초자산 가치에서 콜옵션 행사 확률을 감안한 행사 가격의 현재가치를 차감한 것이 콜옵션의 프리미엄이 된다는 의미이다.

표준 정규분포의 확률 밀도 함수 $f(z)$는 다음과 같이 표시된다.

$$f(z) = \frac{1}{\sqrt{2\pi}} e^{-z^2/2}$$

정규분포를 따르는 확률 밀도 함수는 〈그림 1-8〉과 같다.

이때 $N(d_{1,t})$는 표준 정규분포에서 $-\infty$부터 $d_{1,t}$까지의 면적을 의미하는 변수이다.

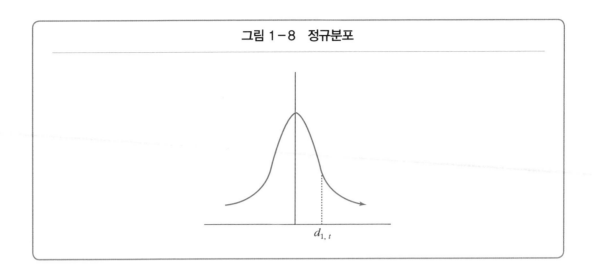

그림 1-8 정규분포

즉, $N(d_{1,t}) = \mathrm{Pr}ob(\tilde{z} < d_{1,t}) = \int_{-\infty}^{d_{1,t}} \frac{1}{\sqrt{2\pi}} e^{-\frac{1}{2}z^2} dz$

$n(z) = \frac{1}{\sqrt{2\pi}} e^{-z^2/2}$

$\mathrm{Pr}ob(\tilde{z} < d) = \int_{-\infty}^{d} \frac{1}{\sqrt{2\pi}} e^{-z^2/2} dz = N(d)$

이때 $\mathrm{Pr}od(\tilde{z} \geq d) = 1 - N(d)$가 되어 $N(d) = 1 - N(-d)$가 성립한다.

❶ 평균을 기준으로 표준편차의 1배수 구간, 즉 (−1, +1) 구간의 확률

$$\mathrm{Pr}od(-1 \leq \tilde{z} \leq 1) = \mathrm{Pr}od(\tilde{z} \leq 1) - \mathrm{Pr}od(\tilde{z} \leq -1)$$
$$= 0.84134 - 0.15866 = 0.68268$$

❷ 표준편차의 2배수 구간, 즉 (−2, +2) 구간의 확률

$$\mathrm{Pr}od(-2 \leq \tilde{z} \leq 2) = \mathrm{Pr}od(\tilde{z} \leq 2) - \mathrm{Pr}od(\tilde{z} \leq -2)$$
$$= 0.97725 - 0.02275 = 0.95450$$

❸ 표준편차의 3배수 구간, 즉 (−3, +3) 구간의 확률

$$\mathrm{Pr}od(-3 \leq \tilde{z} \leq 3) = \mathrm{Pr}od(\tilde{z} \leq 3) - \mathrm{Pr}od(\tilde{z} \leq -3)$$
$$= 0.99865 - 0.00135 = 0.99730$$

이제 이를 토대로 풋-콜 패리티에 대입하여 풋옵션의 프리미엄을 구하면 다음과 같다.

$$p_t = B_t N(-d_{2,t}) - S_t N(-d_{1,t})$$

section 06 옵션의 포지션 분석

옵션의 프리미엄은 주가, 행사 가격, 이자율, 변동성, 잔여만기의 영향을 받는 함수로 표시할 수 있다. 따라서 특정한 상황에서 옵션의 프리미엄이 이러한 변수들의 변화에 어떻게 반응하는가 하는 민감도는 매우 중요한 의미를 가지는데, 이를 '델타, 감마, 세타, 베가, 로'라는 이름의 그리스 알파벳 다섯 글자(5 Greeks)를 사용하여 표시한 5가지 지표를 이용하여 나타내게 된다.

1 델타(Δ)

(1) 정의

델타는 기초자산의 가격이 변화할 때 옵션 프리미엄이 얼마나 변하는가의 비율을 나타낸 값이다. 이는 주어진 점에서의 일차 미분치로 나타나는데, 이를 수식으로 표현하면 다음과 같다.

$$\Delta = \frac{\partial c}{\partial S}$$

(2) 그래프상의 기울기

어떤 함수의 일차 미분치는 이 함수를 그래프로 표현할 경우 지정된 점에서의 기울기(slope)를 의미한다. 예를 들어 행사 가격이 100인 콜옵션의 경우 현재가가 100이라면 등가격상태(ATM)가 되는데, 이 경우 델타값은 약 0.5가 된다. 또한 ITM옵션의 경우 〈그림 1-9〉에서 보듯이 기울기가 0.5보다 커지면서 심내가격(deep in-the-money)의 경우 1까지 증가한다. 또한 반대로 심외가격(deep out-of-the-money)의 경우 기울기는 0까지 감소한다. 따라서 콜옵션 매수 포지

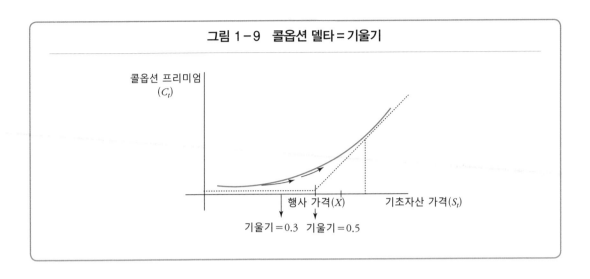

그림 1-9 콜옵션 델타 = 기울기

콜옵션 프리미엄
(C_t)

행사 가격(X)

기초자산 가격(S_t)

기울기 = 0.3   기울기 = 0.5

션의 델타는 0에서 1 사이의 값을 가지게 된다. 반대로 풋옵션 매수 포지션의 경우 −1에서 0까지의 델타값을 가지게 된다.

(3) 속도

옵션의 델타값을 해석함에 있어서 이를 옵션의 프리미엄이 기초자산 가격의 변화를 반영하는 속도(speed)로 해석할 수도 있다. 속도라는 개념은 거리를 시간으로 미분한 일차 미분치로 해석이 가능하므로 일차 미분치의 또 다른 해석으로 받아들이면 된다.

(4) 블랙-숄즈 공식에 따른 델타의 표시값

블랙-숄즈 공식에 따른 콜옵션 프리미엄 C_t를 S로 미분할 경우 델타값을 구할 수 있는데, 콜옵션의 경우 $N(d_1)$이 바로 델타값이 된다. 같은 방법으로 콜옵션과 만기와 행사 가격이 동일한 풋옵션의 델타값을 구하면 $-(1-N(d_1))$이 된다. 따라서 만기와 행사 가격이 동일한 콜옵션 델타의 절대치와 풋옵션 델타의 절대치를 합하면 $|\Delta_C| + |\Delta_P| = 1$이 됨을 알 수 있다.

(5) 헤지비율

앞에서 이항 모형을 이용한 옵션 가격결정 모형에서 보았듯이 콜옵션 한 단위를 매도한 후 기초자산을 0.5단위 매수 시 전체 포지션은 무위험 포지션이 된다. 이때 0.5는 바로 매도 대상이 된 옵션의 델타에 해당하는 숫자인바, 위의 예에서는 현재 가격과 행사 가격이 100으로 동일한 ATM옵션을 가정하였기 때문에 델타값이 0.5로 나타난 것이다. 만일 위의 예에서 행사 가격과 기초자산 가격이 다르게 되는 경우를 가정할 경우 이 비율은 달라지게 된다.

예를 들어 ITM옵션을 가정할 경우 이 비율은 0.5보다 상승할 것이고 OTM옵션을 가정할 경우 이 비율은 0.5보다 하락하게 된다. 이처럼 '콜옵션 1계약 매도＋주식 델타계약 매수' 포지션은 무위험 포지션이 되므로 우리는 델타를 헤지비율로 해석할 수 있다. 단, 이 경우 비율을 조정하면 '콜옵션 $\frac{1}{\Delta}$계약 매도＋주식 1계약 매수' 포지션 또한 무위험 포지션이 되므로 헤지비율을 $\frac{1}{\Delta}$이라고 하여도 마찬가지 의미를 지니게 된다.

(6) ITM으로 끝날 확률과의 연관관계

흔히 옵션이 ITM으로 끝날 확률을 델타값과 동일시하는데, 이는 엄밀하게 따져서 틀린 명제이다. 옵션이 ITM으로 끝날 확률, 정확하게 위험중립적 확률의 크기는 블랙-숄즈 공식에서 본 $N(d_{2,t})$가 된다. 단 $d_{1,t}$과 $d_{2,t}$의 차이는 $\sigma\sqrt{\tau}$만큼인데, 이 값은 일반적으로 매우 작게 되므로 $N(d_{1,t})$와 $N(d_{2,t})$의 차이는 그다지 크지 않게 된다. 따라서 델타값 $N(d_{1,t})$을 $N(d_{2,t})$의 근사치로 해석하는 것은 의미가 있지만 그 자체가 ITM으로 끝날 확률이라고 해석하는 것은 무리가 있다.

2　감마(Γ)

(1) 정의

감마는 기초자산의 변화에 따른 델타값의 변화 비율을 나타내는 값이다. 따라서 $\frac{\partial \Delta}{\partial S}$로 정의된다. 그런데 Δ자체가 S에 대한 c의 일차 미분치이므로 이를 확장하면 $\frac{\partial}{\partial S}\left(\frac{\partial c}{\partial S}\right) = \frac{\partial^2 c}{\partial S^2}$으로 해석이 가능해진다. 따라서 감마는 옵션 프리미엄의 기초자산 가격에 대한 이차 미분치라고 정의할 수 있다.

(2) 그래프상의 볼록도

어떤 함수의 이차미분치는 그래프상에서 곡률로 나타난다. 즉, 함수가 선형(linear)인 경우 임의의 점에서의 기울기가 일정하고 점에 따라 변하지 않으므로 감마값은 0으로 나타나는데, 만일 아래로 볼록할 경우 기울기가 전반적으로 증가하고 있으므로 감마값은 양수가 된다. 따라서 콜옵션이나 풋옵션의 경우 프리미엄 구조가 아래로 볼록하므로 감마값은 양수가 된다.

(3) 가속도

감마는 델타가 변하는 속도인데, 델타는 속도라고 볼 수 있으므로 속도가 변하는 속도는 곧 가속도가 된다. 따라서 기초자산의 변화에 따른 옵션 프리미엄 변화의 가속도로 해석할 수 있다.

(4) 기초자산 현재가와 감마의 크기

콜옵션의 프리미엄 구조를 그래프로 나타내면 그래프의 기울기 변화가 가장 큰 지점, 곧 가장 볼록한 지점은 바로 기초자산 가격(S_t)이 행사 가격(X)과 비슷한 지점이 된다. 즉, 옵션이 ATM인 경우가 가장 옵션의 볼록도가 커지는 점이 된다. 반면에 기초자산 가격이 행사 가격으로부터 벌어질수록 옵션의 프리미엄 구조의 기울기 변화가 거의 없다. 즉, 프리미엄 구조가 거의 직선에 가깝게 되고 따라서 〈그림 1-10〉에서 보듯이 옵션의 감마값은 기초자산 현재가가 X 근처에 있을 때 가장 커지게 된다.

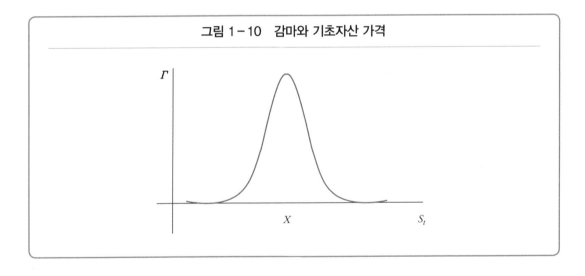

그림 1-10 감마와 기초자산 가격

(5) 잔여만기와 감마값

감마값은 ATM근처에서 가장 큰 숫자를 가지는데, 이 볼록한 정도는 〈그림 1-11〉에서 보듯이 시간이 흘러서 만기가 다가올수록 점점 더 커지게 된다. 즉, 잔여만기가 작을수록 커지게 되는 것이다. 반면 볼록도가 0에 가깝게 작은 영역은 더 축소되어 가기 때문에 〈그림 1-12〉에서 보듯이 감마값은 만기가 가까울수록 더욱 뾰족한 형태, 다시 말해 첨도가 커지는 모습을 볼 수가 있다.

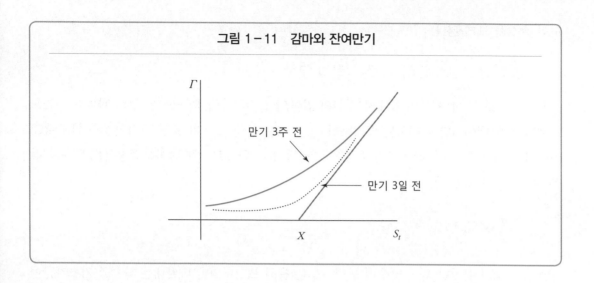

그림 1-11　감마와 잔여만기

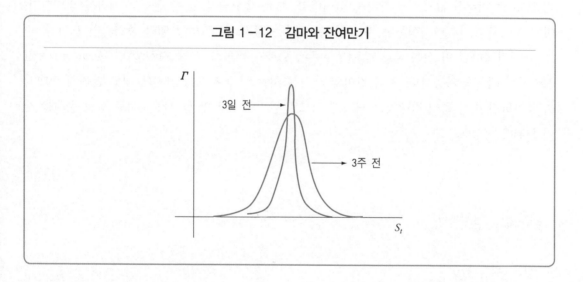

그림 1-12　감마와 잔여만기

3　세타(θ)

(1) 정의

세타값은 시간의 경과에 따른 옵션 가치의 변화분을 나타내는 지표이다. 따라서 $\frac{\partial c}{\partial t}$로 정의될 수 있다. 이 값은 옵션의 시간가치 감소(time decay)를 나타내는데, 일반적으로 콜옵션이나 풋옵션을 보유한 투자자는 별 큰 변화없이 시간만 경과할 경우 옵션의 시간가치가 감소함에 따라 손실을 보게 된다.

(2) 블랙-숄즈 2차 편미분방정식과의 연관

일반적으로 볼 때 세타의 절대치($|\theta|$)와 감마의 절대치($|\Gamma|$)의 크기는 정의 관계를 가지므로 부호는 반대이지만 절대치는 비례하게 된다. 이는 블랙-숄즈가 옵션 가격결정을 위해 유도한 2차 편미분방정식을 분석하면 유도되는 성질이다. 참고로 2차 편미분방정식은 다음과 같은 형태를 가지고 있다.

$$\frac{\sigma^2}{2}S^2 C_{SS}+rSC_S+C_t=rC$$

이를 우리가 분석한 틀에 맞추어 보면, C_{SS}는 옵션 프리미엄을 나타내는 함수를 기초자산에 대해 두 번 미분한 값으로서 감마를 의미하고, C_S는 옵션델타, C_t는 옵션의 세타를 의미한다. 이제 앞에서 ① rC는 일정한 숫자로 볼 수 있다는 점과, ② 편의상 델타 중립적인 포지션, 즉 $\Delta = 0$을 가정하면 이 식은 $\frac{\sigma^2}{2}S^2 C_{SS}+C_t=$ 일정숫자가 되므로, 이를 다시 쓰면 $\frac{\sigma^2}{2}S^2 \Gamma + \theta =$ 일정숫자로 해석이 가능하다. 결국 감마와 세타는 서로 반대 부호를 가지게 되고 한쪽의 절대치가 증가하면 다른 쪽의 절대치도 커지게 되므로 감마와 세타의 절대치는 서로 정의 관계를 가지게 된다.

---

4   **베가(Λ)**

(1) 정의

변동성 계수의 증가에 따른 옵션 프리미엄의 증가분을 나타내는 지표가 베가이다. 이 지표는 $\frac{\partial c}{\partial \sigma}$로 정의가 가능하다. 일반적으로 변동성 계수는 시장의 급등락 가능성이 커질 경우 증가하게 된다.

(2) 변동성 증가에 따른 옵션 프리미엄 상승의 예

이라크가 쿠웨이트를 침공하여 점령하자 유가는 한 번 크게 오른 후 잠시 소강상태를 보이고 있었다. 이때 조지 부시 미국 대통령은 이라크에게 경고 메시지를 발표하면서 10일의 여유를 줄테니 퇴각하라고 권고하였다. 이때 원유 관련 거래자들은 열흘 후 유가에 대해 다음과 같이 예상을 하였다.

'이라크가 퇴각하면 크게 떨어질 것이다. 만일 이라크가 퇴각하지 않으면 장기전에 돌입할 것이므로 한 번 더 크게 오를 것이다. 그런데 후세인의 속셈을 정말 알 수가 없으므로 오를지 떨어질지 정말 불확실하다.'

이러한 예상을 토대로 많은 트레이더들이 콜옵션과 풋옵션을 동시에 매입하는 스트래들 매수 혹은 스트랭글 매수 포지션을 취하기 시작하였다. 콜과 풋에 동시에 매수세가 몰리자 콜과 풋옵션 프리미엄이 모두 상승하기 시작하였다. 반면 원유 선물 가격은 10일 후 급등 가능성과 급락 가능성이 동시에 존재하므로 크게 오르거나 떨어지지 않는 지리한 장세가 연출이 되었다. 결국 기초자산 가격은 별로 안 변하고 있는데 콜과 풋옵션 프리미엄이 함께 동반 상승하는 상황이 발생한 것이다. 이는 바로 변동성 증가가 가져다 준 상황이라고 해석할 수 있다.

5 로(ρ)

(1) 정의

로(ρ)는 금리의 변화에 따른 옵션 프리미엄의 민감도를 나타내는 지표이다.
따라서 이 지표는 $\frac{\partial c}{\partial r}$로 정의가 가능하다.

(2) 콜옵션의 로값은 양수이고 풋옵션의 로값은 음수이다. 이를 말로 설명하면 다음과 같다. 콜옵션은 자신에게 유리할 경우 행사 가격을 지불하고 기초자산을 매입할 수 있는 권리를 의미하는바, 여기서 미리 정해진 값은 '지불할 액수'이다. 반대로 풋옵션은 자신에게 유리할 경우 기초자산을 넘기고 행사 가격만큼을 받을 수 있는 권리이므로 미리 정해진 것은 '수취할 액수'이다. 따라서 만기 전에 금리가 상승할 경우 콜옵션의 경우 '지불할 돈'의 현재가치가 감소하고 풋옵션의 경우 '받을 돈'의 현재가치가 감소한다. 결국 금리 상승은 콜옵션에게는 호재이고 풋옵션에게는 악재이다.

또한 여기서 한 가지 더 지적될 부분은 금리의 상승이 기초자산의 가격을 상승시키거나 하락시키는 부분은 로값과 상관이 없다는 점이다. 이는 옵션지표들의 정의가 모두 편미분으로 정의되었다는 점을 상기하면 해답이 나온다.

즉, 모든 다른 조건이 일정한 상태에서 금리만 상승할 경우를 전제로 로값이 정의되므로 금리의 상승이 가져오는 기타의 변화는 해당 지표에서 파악되어야 한다.

다음의 〈표 1-1〉은 콜옵션 또는 풋옵션을 매수(옵션 롱포지션)하는 경우 각 옵션 프리미엄 민감도의 정(+) 또는 부(−)의 부호를 정리한 것으로 옵션 매도 포지션의 경우는 반대 부호가 된다.

표 1-1 　옵션 매수(Long) 포지션의 부호

구분　　　　포지션	델타	감마	세타	베가	로
콜옵션	+	+	−	+	+
풋옵션	−	+	−	+	−

6　포지션 분석의 응용 : 스트래들의 포지션 분석

$S_t = X = 100$인 경우 ATM 콜옵션과 풋옵션을 모두 매입한 스트래들 전략의 포지션을 분석해 보자. 이는 곧 $y = C(S,\ X,\ r,\ \sigma,\ \tau) + P(S,\ X,\ r,\ \sigma,\ \tau)$라는 함수 y가 100 근처에서 어떤 형태를 가지는가를 분석하는 작업이다.

❶ $\Delta_y = \dfrac{\partial y}{\partial S} = \dfrac{\partial}{\partial S}(C + P) = \dfrac{\partial C}{\partial S} + \dfrac{\partial P}{\partial S} = \Delta_C + \Delta_P \fallingdotseq (0.5) + (-0.5) \fallingdotseq 0$

따라서 100 근처에서 y함수는 기울기가 대략 0이다(ATM 콜의 델타는 대략 0.5, ATM풋의 델타는 대략 −0.5이다).

❷ $\Gamma_y = \dfrac{\partial^2 y}{\partial S^2} = \dfrac{\partial^2}{\partial S^2}(C + P) = \dfrac{\partial^2 C}{\partial S^2} + \dfrac{\partial^2 P}{\partial S^2} = \Gamma_C + \Gamma_P = (+) + (+) > 0$

따라서 100 근처에서 y함수의 곡률은 아래로 볼록이다.

❸ $V_y = \dfrac{\partial y}{\partial \sigma} = \dfrac{\partial}{\partial \sigma}(C + P) = \dfrac{\partial C}{\partial \sigma} + \dfrac{\partial P}{\partial \sigma} = V_C + V_P = (+) + (+) > 0$

따라서 y함수는 100 근처에서 양의 베가값을 가진다.

❹ $\theta_y = \dfrac{\partial y}{\partial t} = \dfrac{\partial}{\partial t}(C + P) = \dfrac{\partial C}{\partial t} + \dfrac{\partial P}{\partial t} = \theta_C + \theta_P = (-) + (-) < 0$

따라서 y함수는 100 근처에서 음의 세타값을 가진다.

❺ $\rho_y = \dfrac{\partial y}{\partial r} = \dfrac{\partial}{\partial r}(C + P) = \dfrac{\partial C}{\partial r} + \dfrac{\partial P}{\partial r} = \rho_C + \rho_P = (+) + (-) \fallingdotseq 0$

이제 정리해 보자. S＝100 근처에서 롱스트래들 포지션의 분석결과 델타≒0, 감마＞0, 세타＜0, 베가＞0, 로≒0의 결과를 얻었다.

y함수는 어떤 모습인가? 델타(기울기)는 제로, 감마(곡률)는 플러스, 이 두 개만 보아도 이 함수는 100 근처에서 최소값을 가지게 됨을 알 수 있다. 즉, 아래의 그림과 같은 상황이므로 스트래들의 경우 어느 쪽으로든지 빨리 기초자산 가격이 변동해 줄수록 이익을 보게 된다. 만일 기초자산이 변하지 않고 시간만 흐르면 시간가치 감소를 나타내는 세타값이 음수이므로 양쪽 옵션 모두 시간가치가 감소하여 손실을 보게 된다.

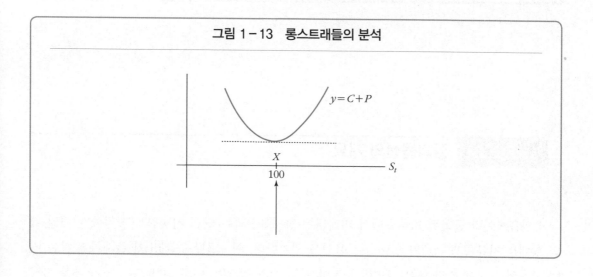

그림 1-13 롱스트래들의 분석

chapter 02

장외옵션의 종류

section 01 장외옵션의 개요

　　장외옵션이란 공인된 거래소에서 거래되는 장내옵션과는 달리 시장참가자 간에 일대일 계약 형태로 자유롭게 거래가 일어나는 옵션을 의미한다. 이 옵션은 거래소가 존재하지 않는 만큼 고객의 요구에 따라 매우 유연한 구조를 가질 수가 있으며, 이로 인해 그 구조가 매우 다양해지는 특징을 가진다.

　　장외옵션의 대명사처럼 되어 있는 것이 이색옵션(exotic option)인데, 이색옵션이란 용어 자체가 보통의 평범한 옵션과는 다른 이색적인 측면을 가진다는 말에서 나온 것으로, 일반적인 옵션과는 다른 특징적인 부분을 갖게 된다. 이들 옵션은 크게 분류하여 ① 경로 의존형, ② 첨점수익 구조형, ③ 시간 의존형, ④ 다중 변수 의존형, ⑤ 옵션에 대한 옵션, ⑥ 레버리지형 등으로 나누어지는데 각각에 대해 살펴보기로 하자.

경로 의존형

일반적으로 경로 의존형(path-dependent option) 옵션은 옵션의 최종 수익이 옵션만기 시점의 기초자산 가격 수준에 의해서 결정되는 것이 아니라 현재 시점부터 만기 시점까지 가격이 어떤 경로를 거쳤느냐에 의존하는 경우를 말한다.

1 극한치 의존형

(1) 경계 옵션(배리어 옵션＝녹아웃 옵션 또는 녹인 옵션)

배리어 옵션(barrier option)에는 통상적인 행사 가격 이외에 배리어 가격(barrier price) 또는 트리거 가격(trigger price)으로 불리는 가격이 하나 더 설정이 된다. 만기 시점 이전에 의미가 있는 가격대는 배리어 가격인데, 기초자산 가격이 배리어 가격과 같아지거나 이를 초과할 경우 특수한 상황이 초래된다. 녹아웃 옵션(knock-out option)은 시작할 때 일반적인 옵션과 마찬가지이나 기초자산 가격이 배리어 가격에 도달하거나 초과하면 무효가 된다. 반면에 녹인 옵션(knock-in option)은 배리어 가격에 도달해야만 유효화된다. 녹아웃 옵션의 경우 무효가 될 경우 배리어 옵션 매입자가 일종의 위로금같이 미리 약정한 환불금을 지급받도록 하는 경우도 있는데, 이를 리베이트라고 한다. 이러한 리베이트는 주로 옵션이 내가격 상태일 때 배리어가 작동하는 경우에 책정된다.

콜배리어 옵션의 경우에는 배리어 가격을 행사 가격과 현행 기초자산 가격보다 낮게 설정하는 것이 일반적이다. 이에 따라 가격 하락 시 무효콜(down-and-out call)과 가격 하락 시 발효콜(down-and-in call) 두 가지가 가능하게 된다. 풋옵션의 경우에 배리어 가격을 외가격 상태로 설정하여 시작할 경우 배리어 가격이 행사 가격과 기초자산 가격보다 높게 설정된다. 따라서 가격 상승 시 무효풋(up-and-out put)과 가격 상승 시 발효풋(up-and-in put) 두 가지가 일반적이다.

만일 옵션의 만기 시점 이전에서 기초자산 가격이 배리어 가격 이하로 하락하면 이 시점에서 가격 하락 시 무효콜은 아무런 수익도 올리지 못한 채 무효가 되고, 반면에 가격 하락 시 발효콜은 효력을 발생하기 시작한다. 나중에 기초자산 가격이 행사 가격 이상으로 상승할 경우 가격 하락 시 발효콜은 최종적으로 내가격 상태로 마감된다(〈그림 2-1〉 참조).

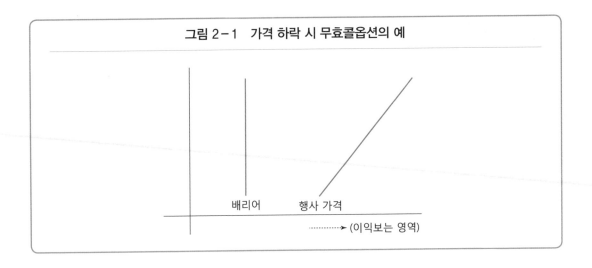

그림 2-1 가격 하락 시 무효콜옵션의 예

배리어   행사 가격

············▶ (이익보는 영역)

   가격 하락 시 무효콜옵션과 가격 상승 시 무효풋옵션은 무효가 될 가능성이 상존하므로 표준적인 옵션에 비하여 프리미엄이 훨씬 저렴하다. 즉, 중간에 기초자산 가격이 하락하여 배리어 가격 이하가 되면 무효화되어, 비록 나중에 기초자산 가격이 다시 상승하더라도 이 옵션은 더 이상 효력이 없게 되기 때문이다. 이에 반하여 표준적인 옵션은 만기일까지 지속되기 때문에 만기일에 내가격 상태가 되면 수익을 올릴 수 있다. 배리어 옵션을 사용하는 동기가 단순히 저렴한 프리미엄 비용 때문이라면 이는 대단히 위험한 발상이다. 왜냐하면 녹아웃 옵션은 배리어 가격이 뚫리면 무효가 되므로 보호막이 없이 위험에 노출되게 되며, 반면에 녹인 옵션은 만기일까지 발효되지 못할 수도 있기 때문이다. 따라서 배리어 옵션은 그 특성이 사용자의 전략과 잘 부합되는 경우에만 사용하는 것이 보다 바람직하다.

   예를 들어, 미국에 제품을 수출하는 한 한국기업을 가정해 보자. 수출 가격은 달러로 표시되어 있으며, 수출대금 수취는 3개월 후에 이루어진다. 현물환율은 1달러당 1,200원이다. 이 기업의 수익은 달러 강세 여부에 영향을 받는다. 한편, 만약 달러가 강세를 보여 선물환율이 1,250원/달러 정도가 되면 즉시 달러 선물환을 매도함으로써 이익을 확보하는 정책을 따른다고 하자. 이런 상황에서는 배리어 가격이 1,250원/달러인 달러 강세 시 무효풋옵션이 이상적이라고 할 수 있다(up-and-out put option : 행사 가격 1,200원/$). 그 까닭은 표준적인 옵션에 비하여 이 옵션이 저렴한 비용으로 동일한 위험 대비 효과를 나타내기 때문이다. 즉, 원/달러 환율이 배리어 가격인 1,250원에 도달하지 않으면 이 옵션은 표준적인 풋옵션과 똑같은 양태를 보이고, 이에 따라 만기일에 달러가 행사 가격인 1,200원/달러 이하가 되면 1달러당 1,200원을 받고 매도할 수 있다. 반면에 달러가 1,250원/달러 이상으로 상승 시 이 옵션은 무효가 된다. 하지만 이런 상황에서라면 이 기업은 즉시 선물환 거래를 할 것이고 그 연후에는 어차피 옵션은 더 이상 필요하지 않다.

❶ 부분경계 : 경계 옵션 중에는 배리어에 도달하면 무효화되는 것은 동일하지만 이 조건이 발효되는 기간을 옵션의 만기 시점까지 전체(anytime 형태)로 설정하지 않고 부분 기간에 대해 설정한 경우가 있다. 예를 들어 3개월 만기 옵션에 대해서 처음 한 달에 대해서만 이 조건이 적용되고 그 외의 기간에 대해서는 '배리어에 도달하면 무효화'라는 조건이 적용되지 않도록 하는 경우 이는 부분 경계 옵션이 되며 이를 '윈도우(window)형태'라고 부른다.

❷ 외부경계 : 경계 옵션 중에는 '배리어에 도달하면 무효화'라는 조건의 무엇에 도달하면에서 '무엇'에 해당하는 부분을 기초자산이 아닌 다른 변수로 정의해 놓은 경우도 많이 있다. 예를 들어 옵션만기까지의 기간 동안에 금리가 8% 이상이 될 경우 행사 가격이 1,200원/달러인 콜옵션이 무효화된다면 정상적 통화옵션에 대해 배리어가 금리에 대해 설정된 경우라 할 수 있겠다.

❸ 다중경계 : 경계를 양쪽에 설정하면 어떨까? 만기 이전에 1,300원/달러 이상으로 올라도 무효, 그리고 동시에 1,100원/달러 이하로 떨어져도 무효, 이렇게 양쪽에 경계를 설정할 경우 이는 다중경계(double barrier) 옵션이 된다.

❹ 곡률경계 : 경계를 〈그림 2-2〉처럼 설정하면 어떨까? 만기가 가까워져도 안심할 수 없을 것이다. 만기가 가까워지면서 건드리면 무효화되는 경계의 폭이 좁아지고 있기 때문에 비록 만기가 얼마 남았어도 확률적으로 볼 때 경계를 건드릴 확률은 거의 동일하게

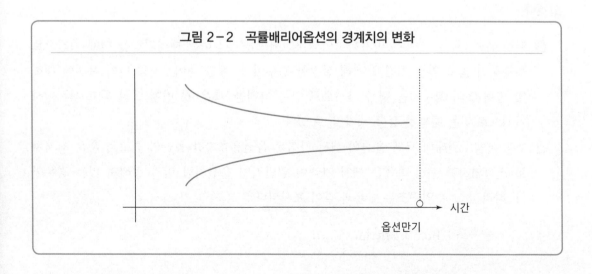

그림 2-2 곡률배리어옵션의 경계치의 변화

시간
옵션만기

유지된다. 옵션의 매수자가 계속 긴장을 하고 있어야 하는 옵션이다.

(2) 룩백 옵션(lookback option)

룩백 옵션은 만기일 당일에 행사 가격을 결정한다는 측면에서 평균 행사 가격옵션과 유사하다. 하지만 기초자산의 평균 가격을 행사 가격으로 설정하는 평균 행사 가격 옵션과 달리 룩백 옵션에서는 옵션 만기일까지의 기초자산 가격 중 옵션 매입자에게 가장 유리한 가격으로 행사 가격이 결정된다. 이를 수식으로 표현해 보면 다음과 같다.

$$룩백콜의\ 만기수익 = Max[0,\ S_T - Min(S_1,\ S_2,\ ...,\ S_T)]$$
$$룩백풋의\ 만기수익 = Max[0,\ Max(S_1,\ S_2,\ ...,\ S_T) - S_T]$$

따라서 룩백 콜옵션의 경우에는 만기까지의 최저 가격이, 룩백 풋옵션의 경우에는 최고 가격이 행사 가격이 된다. 룩백 옵션은 미국식 옵션보다 훨씬 유리하다고 할 수 있는데, 그 이유는 룩백 옵션을 소지하면 옵션 행사의 최적기를 놓치지 않을까 염려할 필요가 없기 때문이다. 즉, 룩백 옵션은 항상 가능한 최선의 가격으로 행사가 이루어진다. 단, 콜옵션의 경우 만기일 당일 가격이 해당 기간 중 최저치(풋옵션의 경우에는 최고치)를 기록하여 룩백 옵션이 등가격 상태가 되면 수익은 0이다.

이처럼 룩백 옵션의 수익이 표준적인 옵션의 수익보다 항상 크기 때문에 프리미엄이 훨씬 비쌀 수밖에 없어 현실적으로는 사용되기 어렵다. 여기에 덧붙여, 룩백 옵션의 수익 발생양상과 부합되는 위험에 노출되어 있는 경우를 현실에서는 거의 찾아볼 수 없으므로 룩백 옵션의 실용 가능성은 희박하다. 이렇게 보면 이 옵션은 관념적으로 존재하는 실험적 옵션이라 볼 수 있겠다.

❶ 부분 룩백 : 부분 룩백은 만기까지의 최저, 최고를 설정하는 대상기간을 전체 기간으로 설정하지 않고 일부 기간에 대해 설정한 경우이다. 예를 들어 3개월 만기 옵션에 대해 첫 번째 달의 최저치를 행사 가격으로 하는 룩백콜, 혹은 첫 번째 달의 최고치를 행사 가격으로 하는 룩백풋 등을 생각할 수 있다.

❷ 수정 룩백 : 원래의 룩백 옵션의 행사 가격은 옵션유효기간 동안의 최고치 혹은 최저치로 결정되지만 수정 룩백은 행사 가격이 일반적인 옵션처럼 미리 정해져 있는 경우이다. 따라서 그 수익구조는 다음과 같이 표시된다.

$$콜구조 : Max[0,\ Max(S_1,\ S_2,\ ...,\ S_T) - X]$$

풋구조 : $Max[0, X - Min(S_1, S_2, ..., S_T)]$

즉, 콜옵션은 '기간 내 최고치 – 행사 가격' 만큼의 수익이 발생하고 풋옵션은 '행사 가격 –
기간 내 최저치'의 수익이 발생하는 구조이다.

(3) 래더 옵션

래더 옵션(ladder option)은 기초자산 가격이 미리 설정된 일련의 가격 수준(래더) 중에서 어디
까지 도달했는가를 행사 가격으로 하여 수익구조를 결정하는 옵션이다. 따라서 이 옵션에서
중요한 것은 미리 정한 여러 개의 수준 중에서 어디까지 도달했거나 또는 초과하여 올라가 보
았느냐가 중요한 것이다. 즉,

래더콜 수익구조 : $Max[0, S_T - Min(L_1, L_2, ..., L_n)]$
래더풋 수익구조 : $Max[0, Max(L_1, L_2, ..., L_n) - S_T]$

로 결정된다. 예를 들어, 래더 콜옵션의 가격대가 105, 110, 115 등으로 정해져 있다고 하자.
이제 만약 시장 가격이 중간에 104까지 내려간 후에 109로 끝났다고 하자. 이제 우리는 질문
해야 한다. 미리 정한 가격대 중에서 어디까지 도달해 보거나 통과해 내려가 보았는가? 답은
105이다. 그 밑의 가격 수준인 100까지는 못 가 본 것이다. 따라서 래더 콜옵션의 수익구조는
$Max(0, 109 - 105) = 4$로 결정된다. 이는 룩백 옵션의 변형으로서 룩백이 실제로 도달한 수준
에 의해 행사 가격이 결정되는 구조라면, 래더 옵션은 미리 정한 수준 중 어디까지 도달하거
나 통과해 보았는가에 의해 행사 가격이 결정되는 것이다.

❶ 수정 래더 : 수정 래더 옵션은 수정 룩백과 거의 동일하다. 즉, 행사 가격을 나중에 정하
는 것이 아니라 미리 정하는 것이다. 따라서 수익구조는 콜옵션의 경우 '도달해 본 래더
중 제일 높은 값 – 행사 가격'이 되고 풋옵션의 경우 '행사 가격 – 도달해 본 래더 중 제
일 낮은 값'이 된다. 즉,

콜옵션 수익구조 : $Max[0, Max(L_1, L_2, ..., L_n) - X]$
풋옵션 수익구조 : $Max[0, X - Min(L_1, L_2, ..., L_n)]$

❷ 스텝록래더(step-lock ladder) : 이 옵션은 래더 옵션이기는 한데 독특한 구조를 가진 경
우이다. 콜옵션을 기준으로 설명을 해 보자. 우선 최초 행사 가격을 100으로 정하고 래
더수준도 95, 100, 105, 110 등 5간격으로 정한다. 이제 기초자산이 만기까지 움직인다.

100 근처에서 움직이다가 105를 통과하는 날 5만큼의 상금이 중간에 지급(또는 이자까지 지급 약속)되면서 옵션의 행사 가격은 105로 바뀐다. 중간에 래더를 통과 시 달성한 만큼 미리 받는 것이다. 100 근처에서 움직이다가 95가 되었다면 상금은 없지만 행사 가격이 95로 바뀐다. 따라서 기초자산 가격이 미래에 올라갈 경우 큰 이익의 순간을 기약해 볼 수 있는 것이다.

제일 불행한 경우는 기초자산이 95를 통과해서 행사 가격이 95가 되고 혹시나 했더니 또 떨어져서 90이 되고 또 떨어져서 85가 되고 하며, 계속 내려가기는 하지만 한 번도 이렇다 할 반등을 주지 못한 채 계속 떨어지는 경우 스텝록 옵션을 보유한 투자자는 아주 불행할 것이다. 제일 행복한 케이스는 이렇게 시름시름 계속 떨어져서 행사 가격을 계속 낮게 갱신해 가다가 어느 날 엄청난 폭등을 할 경우이다.

예를 들어 행사 가격이 85까지 떨어졌다가 100으로 다시 회복할 경우 일반 옵션은 $100 - 100 = 0$이지만 스텝록 옵션의 소유자는 85까지 갔다가 100으로 회복하는 동안 곶감 빼먹듯이 5씩 모두 15만큼을 이익으로 확보하게 되는 것이다. 결국 기초자산 가격이 가파른 V자를 그릴 경우 혹은 가파른 역 V자를 그릴 경우가 가장 즐거운 케이스이고, 계속 떨어져서 만기 시점 기초자산 가격이 기간 내 최소치가 되는 경우가 제일 불행한 경우일 것이다. 일직선으로 올라서 만기 시점 가격이 기간 내 최고치일 경우 일반 옵션과 수익이 거의 같아진다(〈그림 2-3〉 참조).

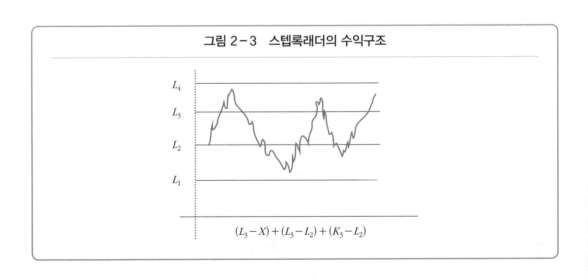

그림 2-3 스텝록래더의 수익구조

$$(L_3 - X) + (L_3 - L_2) + (K_3 - L_2)$$

(4) 클리켓 또는 래칫 옵션

클리켓 옵션(cliquet option) 또는 래칫 옵션(ratchet option)은 원래 프랑스의 CAC 40 지수를 대상으로 하여 개발되었지만 나중에는 다른 방면에서도 이용되고 있다. 클리켓 옵션의 경우 사전에 정해진 것은 가격 수준이 아니라 시점이다. 예를 들어 1주일마다 시점이 정해져 있는 것이다. 행사 가격은 미리 정한 시점에서 기초자산이 얼마가 되었냐에 따라 정해진다.

스텝록래더의 경우 래더를 뚫을 때마다 재조정되는 데 비해, 이 옵션은 미리 정한 시점마다 재조정되는 것이다. 그런데 행사 가격이 재확정될 때마다 그 시점에서의 옵션의 내재가치는 이미 실현된 것으로 간주하여 지급이 보장된다. 예를 들어, 본래 행사 가격이 100이었는데, 첫 번째 재확정일에 가격이 110으로 상승하면 행사 가격은 110으로 재확정되면서 수익 10은 실현된 것으로 간주하여 지급이 보장된다. 이어서 다음 번 재확정일에 기초가격이 95로 하락하면 행사 가격은 재확정되어 95가 되지만 돈은 받을 수 없다. 왜냐하면 기초자산 가격이 떨어졌기 때문이다. 그 다음 재확정일에 기초 가격이 103으로 상승하면 수익은 103 − 95 = 8이 발생하여 원래 10에 추가되어 지급이 보장된다.

(5) 샤우트 옵션

샤우트 옵션(shout option)은 클리켓 옵션 및 래더 옵션과 유사하다. 앞에서 설명하였듯이 클리켓 옵션에서는 행사 가격이 사전에 정해진 일자마다 재확정되고, 래더 옵션에서는 사전에 정해진 래더를 뚫으면 재확정된다. 이에 비하여 샤우트 옵션에서는 행사 가격의 재확정시점이 아무 때나 가장 유리하다고 생각되는 시점에서 '샤우트'를 함으로써 행사 가격을 재확정하여 정해진다. 옵션 보유자의 재량에 달린 것이다. 처음 행사 가격이 100이고 소유자가 114에서 샤우트한다면 14가 실현되어 이 액수의 지급이 보장되고 행사 가격은 즉시 114로 재조정된다. 따라서 이 옵션을 가진 투자자가 일반 옵션 투자자 대비 가장 행복해 하는 케이스는 114까지 갔던 기초자산이 다시 100으로 갔을 경우일 것이다. 일반 옵션은 수익이 0인데 샤우트는 무려 14의 이익을 내 주는 것이다.

2 평균 옵션

평균 가격 옵션(average rate option)은 기초자산의 만기 시점 가격이 옵션수익구조의 기본이 되는 일반적인 옵션과는 달리 일정기간 동안의 기초자산의 평균 가격이 옵션의 수익구조를 결정하는 특징을 가지고 있다. 이에 비해 평균 행사 가격 옵션(average strike option)은 일정기간 동안의 기초자산 가격을 평균하여 활용한다는 측면에서 평균 환율과 유사하지만, 이 평균 가격이 행사 가격으로 설정되어서 옵션의 수익이 만기 시점의 기초자산 가격과 평균 가격의 차액으로 결정된다는 특징을 지닌다. 표준 옵션과 평균 가격 옵션 그리고 평균 행사 가격 옵션의 차이를 명확하게 보여주기 위해 각 경우의 콜옵션 수익을 비교해 보면 다음과 같다.

❶ 표준 옵션 : $Max(0, S_T - X)$
❷ 평균 가격 옵션 : $Max(0, \tilde{S}_A - X)$
❸ 평균 행사 가격 옵션 : $Max(0, \tilde{S}_T - \tilde{S}_A)$

$\tilde{S}_T$: 만기일 당일의 기초자산 가격
X : 행사 가격
$\tilde{S}_A$: 대상기간 동안의 기초자산 가격의 평균

주지하다시피 평균을 산정하는 방법에는 여러 가지가 있다. 그리고 평균의 산정기간에도 약간의 예외를 둘 수도 있다. 예를 들어, 평균값을 구한 후 그 값의 역수, 즉 S_A 대신에 $\frac{1}{S_A}$을 기초자산으로 산정하여 수익을 결정할 수도 있다. 또한 평균 산정기간을 전기간이 아닌 부분 기간으로 하여 평균을 구한 부분 기간 평균 옵션도 있을 수 있다. 또한 평균 산정에 있어서 산술평균이 아닌 기하평균, 즉 $(S_1 \times S_2 \times \cdots \times S_T)^{\frac{1}{T}}$ 을 이용하여 값을 구할 수도 있다. 이 경우의 평균 옵션은 기하평균 옵션이 된다.

평균 가격 옵션과 평균 행사 가격 옵션을 흔히 아시안 옵션(Asian option)이라고도 부른다.

section 03 첨점수익 구조형

첨점 수익구조(singular payoff)란 옵션의 수익구조가 일정의 점프, 즉 불연속점을 가지는 경우를 의미한다. 여기서 'singular'라는 용어는 원래 수학에서 미분 불능점을 의미하는 용어로서 점프가 있을 경우, 그 점 주위에서는 미분이 불가능하다는 의미에서 유래되었다.

(1) 조건부 프리미엄 옵션

조건부 프리미엄 옵션(contingent premium option)은 옵션이 행사되어야만 프리미엄을 지불하는 옵션이다. 또한 만기일 당일에 옵션이 내가격 상태에 있으면 비록 옵션의 내재가치가 프리미엄보다 작더라도 반드시 행사를 하도록 되어 있다. 이 옵션을 매입하는 사람이 누릴 수 있는 이점은 옵션만기에 가서 이 옵션이 외가격 상태가 되면 프리미엄을 전혀 지불하지 않을 수도 있다는 것이다.

이것이 보험기간 동안 사고가 발생하지 않는 한 보험료를 지불하지 않는 가상적인 자동차 보험에 비유할 수가 있다. 이처럼 조건부 후불 옵션을 매입하는 것은 〈그림 2-4〉에서와 같은 구조를 가진다. 즉, 만기 시점의 기초자산 가격이 행사 가격, X보다 작을 경우 외가격 상태가 되므로 프리미엄까지 고려한 수익구조가 외가격 상태에 대해서는 0을 기록한다. 그러나 내가격 상태가 되는 경우, 즉 만기 시점 행사 가격이 X보다 큰 경우 프리미엄을 고려한 옵션의 수익구조는 점프를 하게 된다. 제일 불행한 경우 행사 가격이 100인데 기초자산이 100.1로 끝났을 때 0.1의 수익을 받으면서 프리미엄을 모두 지불하게 된다. 이 경우 가까스로 내가격이 되

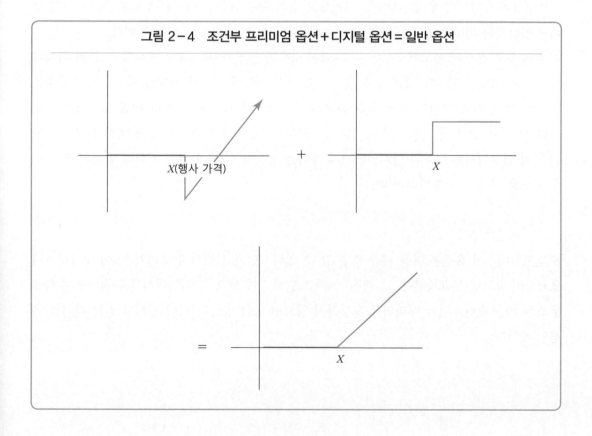

그림 2-4 조건부 프리미엄 옵션＋디지털 옵션＝일반 옵션

면서 프리미엄까지 고려한 옵션의 수익구조는 갑자기 악화되게 된다. 이제 이를 정리해 보자. 조건부 프리미엄 옵션을 매수하는 동시에 조건부 프리미엄 옵션의 프리미엄과 동일한 크기의 수익을 내가격이 되면 수취하는 디지털 옵션(정액 수수 옵션)을 같이 매수할 경우 이는 일반적인 옵션을 매수한 것과 동일하다(〈그림 2-4〉 참조).

이를 프리미엄 사이의 관계로 정리하면 다음과 같다.

일반 옵션 프리미엄＝조건부 후불 옵션 프리미엄＋디지털 옵션 프리미엄

(단, 디지털 옵션의 내가격시 수익 크기는 조건부 후불 옵션의 프리미엄과 동일)

(2) 디지털 옵션(이항(binary) 옵션, 올오어낫싱 옵션, 정액 수수 옵션)

일반적 옵션의 수익은 만기일 당일에 옵션이 행사 가격 대비 얼마나 올랐느냐 혹은 떨어졌느냐에 따라 결정된다. 예를 들어 콜옵션의 수익은 $Max(0, S_T - X)$로 주어지는데, 여기서 S_T는 만기 시점 기초자산 가격, X는 행사 가격이다. 따라서 오르면 오를수록 더 수익이 커진다. 이에 비해 정액 수수 옵션의 수익금은 옵션이 만기일에 내가격 상태이면 사전에 약정된 금액이 A이고 다른 경우에는 0이다. 그러므로 정액 수수 옵션은 만기일에 얼마만큼 내가격 상태에 있는가는 의미가 없고 내가격 상태냐 아니냐만이 의미가 있게 되는 것이다.

정액 수수 옵션은 올오어낫싱(all-or-nothing) 방식과 원터치(one-touch) 방식의 두 가지 형태가 있다. 올오어낫싱 방식의 정액 수수 옵션은 만기일 당일에 내가격 상태일 때만 A를 지급하는 데 반하여, 원터치 방식의 정액 수수 옵션은 만기까지의 기간 동안에 한 번만 내가격 상태였으면 A를 지급한다. 원터치 방식의 경우는 다시 수익금 A의 지불이 옵션이 내가격 상태가 되는 즉시 이루어지는 방식과 만기일까지 유예되는 방식이 있다. 따라서 원터치 방식의 정액 수수 옵션은 가격 경로에 달려 있다.

(3) 디지털배리어 옵션

디지털배리어 옵션은 다음 예를 보면 알 수 있다. '만기 시점까지 금리가 7%에 도달하거나 초과하여 오르면 무효화된다. 그 대신 7%에 도달하지 못하고 그 이하에서만 움직이면 수익을 무조건 10을 준다.' 결국 배리어에 도달하지 않으면 받는 상금이 미리 정해져 있는 디지털 옵션인 것이다.

시간 의존형

(1) 미국식 옵션

미국식 옵션은 만기 이전에 아무 때나 한 번 옵션을 행사할 수 있는 구조를 가지고 있는 경우를 의미한다.

(2) 유사 미국식(버뮤다 옵션)

유럽식 옵션은 만기일 당일에만 행사가 가능하고 미국식 옵션은 어느 때나 행사가 가능하다. 이러한 유럽식 옵션과 미국식 옵션의 중간형태로 볼 수 있는 것이 버뮤다 옵션(Bermudan option)인데, 이는 미리 정한 특정 일자들 중에서 한 번 행사가 가능하다. 이러한 형태의 옵션이 유용한 예로서는 변제요구권부채권(puttable bond)을 발행한 차입자가 여기에 따르는 위험에 대비하기 위해 스왑계약을 한 경우를 들 수 있다.

변제요구권부채권의 발행자는 금리가 크게 올라서 채권 가격이 떨어지면 채권 매입자가 이 채권을 들고 와서 액면가 혹은 미리 정한 수준의 가격에 되사줄 것을 요구하게 되므로, 일단 금리가 크게 오를 경우 이익을 보는 변동수취/고정지급 스왑계약을 체결할 필요가 있다. 문제는 그 다음인데 일단 채권을 들고 와서 되사주고 나면 스왑계약은 더 이상 필요가 없게 되므로 남아 있는 스왑계약을 폐기할 필요가 있다. 이러한 상황에 대한 한 가지 해결책이 바로 채권상환을 요구할 수 있는 날짜와 동일하도록 약정된 행사 가능일이 경과할 때마다 기초 스왑의 만기가 줄어드는 버뮤다식 스왑션을 사용하는 것이다.

(3) 선택 옵션

선택 옵션(chooser option)의 매입자는 만기일 이전 미래의 특정 시점에서 이 옵션이 풋인지 콜인지 여부를 선택할 수 있는 권리를 가진다. 이 옵션은 스트래들과 비슷한 측면이 많은데, 비용면에서 유리하다. 왜냐하면 스트래들 매입자는 만기일까지 콜과 풋을 함께 계속해서 보유하는 데 반하여, 이 옵션 매입자는 일단 풋, 콜 여부에 대한 선택을 한 후에는 선택한 한 가지 종류의 옵션만 보유할 수 있기 때문이다. 이 옵션을 매입한 투자자는 만기 전 일정 시점에서 풋인지 콜인지 여부를 결정할 수 있는데, 이때 보유자는 결정 시점에 내가격인 상태에 있는 옵션으로 전환시키게 될 것이다.

예를 들어 행사 가격만 100으로 정해 놓고 한 달 후에 풋, 콜 여부를 정할 수 있다고 할 때, 대부분의 경우 선택 시점에서 내가격인 옵션으로 선택을 하게 될 것이다. 물론 예외가 있을 수도 있다. 향후 하락할 가능성이 무척 크다고 본다면 약간 외가격이더라도 풋옵션으로 전환시킬 것이다.

(4) 행사 가격결정 유예 옵션

행사 가격결정 유예 옵션(delayed option)의 매입자는 미래 특정 시점에서 당일의 기초자산 가격과 같도록 행사 가격이 설정된 또 다른 옵션을 획득하는 권리를 갖게 된다. 다시 말해 이 옵션을 소유한 투자자는 만기일에 기초자산이 얼마가 되든지 그 기초자산과 행사 가격이 같게 매겨진 등가격 옵션을 받게 되어 있는 것이다. 그런데 등가격 옵션 자체의 프리미엄은 거의 일정하게 정해져 있으므로 등가격 옵션의 가치를 이자율로 할인한 프리미엄만큼 미리 내고 옵션을 확보하는 셈이 된다.

이 옵션의 기초자산인 옵션의 행사 가격은 복합 옵션이 행사되는 시점에서 결정되는 것이다. 이 옵션은 가격면에서 이익을 보자고 매입하는 것이라기보다는 만기에 가서 옵션을 따로 매입하는 번거로움을 피하거나, 또는 피리어드 캡처럼 주기적으로 계속해서 옵션이 생성되고 행사되는 경우, 각각 생성되는 옵션의 행사 가격을 해당 옵션이 생성되는 시기의 기초자산 가격 근처로 유지시킬 때를 대비하는 경우, 또는 미래 시점에서 옵션이 꼭 매입 가능하다고 볼 수 없는 경우를 대비해서 미리 확보하는 전략의 일환이라고 볼 수 있다.

section 05 | 다중 변수 옵션

이 옵션은 옵션의 최종 수익금이 둘 또는 그 이상 기초자산의 가격 수준에 의해서 결정되는 경우를 말한다.

(1) 무지개 옵션

무지개 콜옵션(rainbow call option or outperformance call option)의 수익은 둘 이상의 기초자산의 가격 중에서 가장 높은 가격에 의해서 결정되고, 무지개 풋옵션의 수익금은 가장 낮은 가격에 의해서 결정된다. 기호를 사용하면 무지개 콜옵션의 수익금은 $Max(0, Max(S_1, S_2, ..., S_n) - X)$로 나타낼 수 있다. 여기에서 S_1, S_2 등은 만기일 당일의 n개의 자산 가격이고 X는 행사 가격이다. 예를 들어 영국의 FTSE 100 지수, 프랑스의 CAC 40 지수, 독일의 DAX 지수, 그리고 미국의 S&P 500 지수 중에서 증가율이 가장 높은 지수의 수익을 수익금으로 하는 무지개 콜옵션을 생각해 볼 수 있다.

(2) 포트폴리오 옵션

이 옵션은 바스켓 옵션과 거의 동일한데, 수익구조를 나타내는 공식에서 주식의 실제 개수가 들어간다는 면이 다르다. 이를 수식으로 표현하면 다음과 같다.

$$Max\left[\sum_{i=1}^{n} n_i S_{i,T} - K, 0\right]$$

여기서 n_i는 포트폴리오에 포함된 i번째 주식의 개수가 된다(편입비율이 아님).

(3) 다중 행사 옵션

다중 행사 옵션은 여러 개의 기초자산을 놓고 각각에 대해서 다르게 행사 가격을 설정하는 경우이다. 이를 수식으로 표현하면 다음과 같다.

$$Max[S_{1,T} - K_1, S_{2,T} - K_2, ..., S_{n,T} - K_n, 0]$$

(4) 피라미드 옵션

피라미드 옵션은 수익구조가 다른 옵션과는 달리 행사 가격과의 차이, 즉 절대치에 의존한다는 것이 특징이다. 즉,

$$Max[|S_{1,T} - K_1| + |S_{2,T} - K_2| + ... + |S_{n,T} - K_n| - K, 0]$$

로 수익구조가 표시되는데, 여기서 특징적인 것은 기초자산 가격이 떨어지든지 오르든지 간에 각각의 주식에 대해 미리 정한 행사 가격으로부터 멀어질수록 수익의 크기는 커진다는 점이다.

(5) 마돈나 옵션

마돈나 옵션은 피라미드 옵션과 비슷한 수익구조를 가진다. 즉, 수익구조는

$$Max[\sqrt{(S_{1,T} - K_1)^2 + (S_{2,T} - K_2)^2 + \cdots + (S_{n,T} - K_n)^2} - K, \ 0]$$

와 같이 표시되므로 미리 정한 행사 가격을 n차원 평면에 찍고, 만기 시점 자산 가격을 나타내는 점을 다시 찍은 후 두 점 사이의 거리가 커질수록 수익이 커지게 된다.

(6) 스프레드 옵션

스프레드 옵션(spread option)의 수익금은 두 기초자산 가격차이에 의해서 결정된다. 예를 들어 6개월 만기 파운드화 금리와 유로화 금리의 차이를 지급하는 옵션이 있다면 바로 이것이 스프레드 옵션이다. 이의 수익구조를 수식으로 표현하면 다음과 같다.

$$Max[(\tilde{S} - \tilde{S}_{2,T}) - K, \ 0]$$

즉, 자산의 가격 수준이 아니라 자산 가격의 차이가 이 옵션의 기초자산이 되는 것이다.

(7) 바스켓 옵션

바스켓 옵션(basket option)은 무지개 옵션의 변형이라고 생각할 수 있다. 다만, 이 옵션에서는 수익금이 옵션의 기초자산 가격들의 가중평균에 의해서 결정되는 것이 다르다. 또한, FTSE 100 지수나 S&P 500 지수와 같은 주가지수에 대한 옵션은 결과적으로 거래소시장에서 거래되는 바스켓 옵션으로 생각될 수 있다. 이 옵션의 수익구조는 다음과 같이 나타난다.

$$Max = \left[\sum_{i=1}^{n} \omega_i S_{i,T} - K, \ 0 \right]$$

여기서 ω_i는 기초자산으로 선정된 전체 포트폴리오에서 i번째 주식의 편입비율을 의미한다.

(8) 퀀토 옵션

퀀토 옵션(quanto option)의 수익은 하나의 기초자산 가격에 의해서 결정되지만 위험에 노출된 정도나 크기는 다른 자산의 가격에 의해서 결정된다. 퀀토 옵션이라는 이름은 수량조정 옵션(quantity-adjusted option)의 약어이다.

퀀토 옵션은 한 통화로 표시된 기초자산에 대한 옵션의 수익이 다른 통화로 표시되는 경우가 주종을 이룬다. 예를 들어, 수익금 지불이 달러로 이루어지는 니케이 225 지수에 대한 옵션이 있자고 하자. 계약에 의해 행사 가격은 16,000포인트이고 16,000보다 오를 경우 1point당 1

달러의 수익을 지급하는 구조라 하자. 만약 니케이 225 지수가 만기일에 17,000으로 마감되면 행사 가격이 16,000인 콜옵션의 수익은 1달러×(17,000−16,000)=1천 달러가 된다. 이 경우 투자자는 엔/달러 간 환율은 전혀 걱정하지 않고 오로지 니케이 지수의 상승 잠재력에 대해서만 포지션을 취할 수 있다. 이것이 바로 퀀토 옵션이다. 니케이 225 지수옵션의 경우 기초자산은 시장가치로 단순평균되는 일본 주식들이다. 따라서 옵션 발행자는 발행한 니케이 225 지수 콜옵션에 옵션 델타(Δ)를 곱한 금액만큼 주식 바스켓을 매입해야 한다. 그러나 기초자산의 가치, 즉 위험에 노출된 크기는 엔/달러 환율에 의해서 좌우된다. 만약 주식 바스켓의 가치가 17,000엔이라면, 1달러=100엔 환율로 환산하여 기초자산의 크기가 170달러가 된다. 니케이 225 지수는 변화하지 않고 달러만 가치가 하락하여 1달러=95엔이 되면 위험에 노출된 크기는 증가하여 178.95달러가 된다. 이와 같이 위험에 노출된 크기는 기초자산의 가격, 즉 니케이 225 지수가 전혀 변화하지 않았음에도 변화함을 알 수 있다.

section 06 복합 옵션

복합 옵션(nested or compound option)은 옵션의 기초자산이 일반적인 자산이 아니라 또 하나의 옵션(기초 옵션)인 옵션이다. 따라서 만기일에 복합 옵션이 행사되면 옵션 보유자는 미리 구조를 정한 또 다른 옵션 하나를 받게 되는 것이다. 복합 옵션은 기본적으로 옵션의 기초자산이 또 다른 옵션인 경우에 해당하는 옵션이다. 따라서 복합 옵션은 다음과 같은 네 가지 형태를 가지는데, 복합 옵션의 형태에 있어서 두 가지, 즉 사기로 하는 콜옵션, 팔기로 하는 풋옵션, 그리고 기초자산이 되는 옵션이 콜인 경우와 풋인 경우이다. 따라서 이 두 가지씩을 놓고 조합을 해 보면 모두 네 가지 가능성이 존재한다. 바로 콜옵션에 대한 콜옵션, 풋옵션에 콜옵션, 콜옵션에 대한 풋옵션, 풋옵션에 대한 풋옵션이다. 처음 두 가지는 보유자에게 기초 옵션을 매입할 권리를 부여하는 데 반하여, 나중 두 가지는 기초 옵션을 매도할 권리를 부여한다.

복합 옵션은 등가격 상태가 되도록 행사조건을 설정하는 것이 대부분으로 대개 '기초자산인 옵션=기초 옵션의 계약 당시 프리미엄'을 행사 가격으로 설정한다. 복합 옵션이 사용되는 주요 이유는 다음의 두 가지이다. 즉, 위험에 노출이 될지 안 될지 자체가 불확실한 상황에서 현실적으로 사용 가능한 위험 대비책이 된다는 점, 그리고 기초 옵션을 직접 매입하는 것보다 비용이 적게 든다는 점, 이 두 가지이다. 앞에서 살펴본 행사 가격 유예 옵션도 복합 옵션의 한 형태라고 볼 수 있다.

A는 미국 물품을 수입, 유통하는 한국회사이다. A는 45일 후에 100만 달러를 지불하기로 되어 있다. 최근 1,100원/달러에 현물환율이 형성되어 있지만 추가 상승은 저지되고 있다. 확인되지 않은 시장 풍문에 의하면 미국 경제의 호조를 시사하는 수치가 발표될 것이라는 것이며, 이대로 될 경우 달러는 1,150원/달러까지 갈 가능성이 있다. 반면, 경제지표가 썩 좋게 나타나지 않을 경우 달러는 1,050원/달러까지 하락할 수도 있을 것이다.

A사는 달러 강세 시 손실을 입게 되는 상황에 놓여 있지만, 반면 달러 약세 시 보게 될 이익을 포기하고 싶지는 않기 때문에 현재 선물환율 1,110원/달러로 선물환 거래를 하는 것이 꺼려졌다. 이에 대한 대안으로서 A사는 복합 옵션을 이용하기로 하였다. A사는 원풋/달러콜 옵션에 대한 콜옵션, 즉 복합 옵션을 매입하기로 결정하고 이 중 만기 10일짜리를 선택하였는데, 그 이유는 원/달러 환율이 가까운 시일 안에는 하락하지 않을 것으로 생각하였기 때문이다. 일정 프리미엄을 지불하고 산 후 미국 경제의 호조를 시사하는 경제지표가 발표되어 달러가 강세가 되어 1,150원/달러까지 상승할 경우 35일짜리 원풋/달러콜 옵션도 프리미엄이 상승한다. 그러나 A사는 복합 옵션을 행사하여 제대로 된 달러 콜옵션을 미리 정한 싼 가격에 매수함으로써 달러를 싸게 살 수 있는 권리를 시세보다 싸게 매입할 수 있다.

만일 경제지표가 좋지 않게 나타나서 달러 가치가 하락하는 경우 복합 옵션은 행사되지 않고 소멸되며, 지불한 프리미엄만큼 손실이 발생한다. 그러나 이 복합 옵션은 옵션에 대한 옵션으로서 제대로 된 달러 콜옵션보다 훨씬 싸므로 A의 비용부담은 최소화된다.

section 07 ｜ 레버리지형

레버리지형 옵션은 옵션의 수익구조가 곱하기 혹은 제곱형태를 통해 크게 부풀려진 경우를 의미한다. 이에는 승수형, 인버스플로터 등이 있는데, 각각에 대해 설명하면 다음과 같다.

(1) 승수형

승수(파워)형은 곱하기 형태와 제곱형태가 있다. 곱하기 형태는 $Max[c \times S_T - K, 0]$와 같이 상수를 곱한 값이 기초자산의 자리에 대입이 되는 경우를 의미하고, 제곱형은 $Max[S_T^2 - K, 0]$와 같이 자산 가격의 제곱에 해당하는 수치가 기초자산의 위치에 대입이 되는 경우를 의미한다.

(2) 인버스플로터(Inverse floater)

다음의 경우를 예를 들어 설명해 보자. 어떤 채권의 이표가 다음과 같이 지급된다고 하자.

❶ 2××2년 말까지 3.25% 고정금리 지급
❷ 2××3년부터 2××5년까지 '5.75%−LIBOR' 지급

이 경우 앞부분은 정상적인 고정금리채권과 동일한데, 뒷부분은 LIBOR금리가 상승 시 손해, 하락 시 이익을 보는 구조로서 '5.75%−LIBOR'부분을 인버스플로터라고 한다. 이는 5.75%를 행사 가격으로 하는 금리에 대한 풋옵션구조라고 해석할 수도 있다. 이 채권을 매입한 투자자는 2××5년까지 금리가 줄곧 하락할 경우 큰 이익을 보게 된다. 즉, 금리가 하락 시 고정금리의 가치는 매우 커지게 되는데, 특히 인버스플로터의 경우 금리 하락 시 쿠폰이 오히려 더 커지게 되므로 상당한 의미가 있다고 볼 수 있다. 고정금리 쿠폰채권의 경우 금리가 하락해도 일정한 금리를 지급하니까 가치가 올라가므로 금리 하락 시 금리를 더 지급하는 인버스플로터는 그 가치가 기하급수적으로 커지게 될 것이다.

chapter 03

장외옵션의 신용위험

section 01 일반적인 논의

일반적으로 시장위험은 시장 가격의 변동에서 오는 위험을 의미하고 신용위험은 상대방의 신용도가 현저히 감소하거나 궁극적으로 파산함에 따라 발생하는 위험을 의미한다. 그런데 주지하다시피 신용위험은 시장위험과 아주 밀접하게 연결되어 있다. 즉, 시장 가격이 A에게 불리하고 B에게 유리하게 움직여서 A가 손해를 보고 B가 이익을 보는 상황에서는 B가 다른 이유로 파산하더라도 A는 신용위험과는 아무 상관이 없다. 그러나 반대의 경우, 즉 A가 이익을 보고 있는 상황하에서 B가 파산할 경우 A는 신용위험에 노출되는 것이며, B의 파산은 직접적인 손해를 끼치게 되는 것이다. 따라서 이와 같은 신용위험의 크기는 시장위험, 즉 시장 가격의 변화와 밀접하게 연관이 되어 있는 것이다.

일반적으로 시장위험의 크기를 파악하는 데에는 다음의 두 가지 방법이 있다.

첫째, 잠재적 시장위험(Potential Market Risk : PMR)이다. 이는 deemed risk, time-to-decay risk, presettlement risk라고도 불리고 이를 이용하여 측정된 위험 노출도를 예상된 노출(expected exposure) 혹은 부분적 노출(fractional exposure)이라고도 부른다. 이는 한 금융기관이 상대방과 장외파생상품거래를 시작하는 시점에서 해당 금융기관이 설정하는 신용위험의 크기이다. 이는 향후 시장 움직임을 전제로 위험 노출도를 파악하고자 하는 개념으로 계약의 만기가 다가올수록 서서히 위험 노출도는 줄어들어서 만기가 되면 영(0)으로 수렴하는 특징을 가지고 있으며, 거래의 만기기간 동안 최악의 경우를 상정하여 위험 노출도를 상정한다는 특징이 있다.

둘째, 실제 시장위험(Actual Market Risk : AMR)이다. 이는 특정 시점, 예를 들어 지금 당장 상대방의 파산이 발생할 경우 해당 금융기관이 당하게 되는 손해의 크기를 의미한다. 이 개념은 상대방이 망하는 순간 지금 이 상태에서 상대방과 맺었던 계약과 동일한 계약을 제3자와 맺을 경우 발생하는 위험의 크기라고 볼 수 있다. 따라서 AMR이 음수라는 얘기는 현시점에서 상대방이 망하더라도 손해를 볼 일은 없는 상태를 의미하며, 이 지표는 거래의 시작 시점에서는 항상 0인 상태에서 시작한다. 즉, 매수와 매도가 동시에 이루어지는 계약의 시작 시점에서는 계약 가격이 시장 균형 수준으로 이루어지므로 AMR은 0이 된다.

그러나 일단 계약이 이루어진 후에는 시장 가격이 해당 기관에게 불리하게 움직일 수도 있고 유리하게 움직일 수도 있다. 만일 해당 기관에게 유리하게 움직인 상태에서 상대방이 파산할 경우 해당 기관의 신용위험은 (+)가 된다. 반대로 시장 가격이 불리하게 움직여서 해당 기관이 손해를 보고 있는 상태에서는 상대방이 파산하더라도 이로 인한 손해가 추가로 발생하지는 않는 것이다. 이제 전체 신용위험 크기를 파악한 총위험의 크기는 다음과 같이 정의될 수 있다. 즉,

$$\text{TOTAL}(t) = \text{PMR}(t) + \text{AMR}(t)$$

가 성립한다. 여기서 TOTAL(t)은 일정 시점에서의 총 신용위험의 크기이다. 여기서 주목할 부분은 거래 시작 시점($t=0$)에서 PMR(0)은 양수이고 AMR(0)은 0이며, 거래 시작 후 일정 시간이 경과하면서 PMR은 줄어들기 시작하고 AMR은 양수, 음수, 0 중에서 임의의 부호를 가지게 된다는 점이다. 그리고 거래 종료 시점($t=\text{T}$)에서 PMR(T)=0이고 AMR(T)는 여전히 임의의 부호를 가질 수 있다는 점 등이 지적되어야 할 것이다. 결국 신용위험을 논의함에 있어서 실제로 파산상태가 중간에 발생 시 의미가 있는 것은 AMR이지 PMR이 아니다. PMR은 미래에 대한 예상일 뿐이라고 볼 수도 있다. 그러나 이러한 개념은 은행의 대손충당금과 자기자본을 포함한 신용정책결정에 매우 중요한 역할을 한다.

그러면 여기서 위험 등가 노출치(Risk Equivalent Exposure : REE)와 위험계수(Risk Factor : RF)의 개념을 도입해 보자. 이 두 계수는 다음과 같이 정의된다. 즉,

$$RF = HV \times \sqrt{\tau} \times z$$
$$REE = HV \times \sqrt{\tau} \times z \times N$$

이 성립한다.

여기서, HV는 역사적 변동성, τ는 잔여만기를 연단위로 표시한 값, z는 신뢰구간의 크기와 연결된 표준 정규분포값, N은 금액의 크기를 의미한다. 예를 들어 보자. 니케이 225 지수의 HV는 20%/년, $\tau=0.5$(잔여만기가 6개월), z는 1.28이라 하자(신뢰 수준이 90%). 이 경우 $RF=20\% \times \sqrt{0.5} \times 1.28 = 18.1\%$가 되고 REE는 액면이 1,000만 달러인 경우 181만 달러가 되는 것이다.

이제 이를 옵션에 적용해 보자. 옵션의 매수자는 프리미엄을 내고 옵션을 매입한 후 옵션이 내가격(in-the-money)상태로 끝나면 만기 가격이 옵션 행사 가격보다 오른 만큼을 받고 외가격(out-of-the-money)상태로 끝날 경우 수익이 0이 된다. 옵션에 대한 신용위험 노출도를 위에서 본대로 AMR+PMR로 표시해 보자. 이 경우 AMR은 상대방이 지금 시점에서 파산할 경우 매수자가 손해보는 액수에 해당하는바, 이는 옵션 매수자가 옵션을 매수하면서 지불한 옵션 프리미엄과 동일해진다. 이에 비해 PMR은 향후 시장이 매수자에게 유리하게 움직여서 매수자가 이익을 볼 수 있게 된 상황하에서 옵션 매도자가 파산함으로써 발생할 수 있는 손실의 크기를 의미하므로 이는 기초자산의 움직임에 영향을 받는다.

여기서 우리는 옵션으로부터의 신용위험을 논의함에 있어서 AMR과 PMR을 단순합계하는 것이 옳은가 하는 이슈를 제기할 수 있다. 이는 반론의 여지가 있는 주장이다. 즉, 거래상대방이 지금 당장 파산할 경우 매수자가 잃게 되는 것이 어느 부분이냐는 이슈에 대해 옵션 프리미엄은 일단 지불하면 되찾을 수 없는 부분으로서 매수자 스스로 포기를 한 것이기 때문에 손해를 보는 부분은 옵션으로부터의 수익이지 옵션 프리미엄은 아니라는 주장도 설득력이 있는 것이다. 그러나 최근 시장의 일반적인 추세는 신용위험을 논의함에 있어서 AMR과 PMR을 단순합계한 부분을 실제로 이용하고 있다. 이에 따라 대형 투자은행을 중심으로 장외옵션과 관련한 신용한도(credit line)를 설정 시 AMR과 PMR을 단순합계하고 있는 것을 볼 수 있다.

이제 옵션에 대한 신용위험을 나타내는 REE는 콜옵션의 경우 옵션 한 계약당,

$$REE = c + Max(0, \, RF_c \times S_t + S_t - K)$$

가 되고 풋옵션의 경우, 옵션 한 계약당

$$REE = p + Max(0, \, RF_c \times S_t + K - S_t)$$

로 표시가 된다. 여기서,

  S_t : 기초자산의 현재가

  K : 행사 가격

RF_c : 위험계수(상황에 따라 계속 변화)

c, p : 콜옵션 및 풋옵션의 프리미엄

을 나타낸다.

 예시

　J은행이 50,000개의 풋옵션을 매입했다고 하자. 만일 행사 가격이 15이고 현재 시장 가격은 16.5라고 하면 이는 OTM옵션이 된다. 만일 $RF_c = 25\%$, 옵션 프리미엄은 1달러라고 가정하면 REE는 얼마일까?

$$REE = 1 + Max(0,\ 0.25 \times 16.5 + (15 - 16.5))$$
$$= 1 + Max(0,\ 4.125 - 1.5) = 3.625/계약$$

가 되어 5만 계약에 대해서 5만을 곱해 주면 REE는 181,250달러가 된다.

section 02 　불스프레드와 베어스프레드의 신용위험

　서로 다른 행사 가격을 가진 두 개 이상의 옵션에 대해 매수와 매도 포지션을 이용하여 구성한 수직 스프레드(vertical spread) 전략에는 콜옵션으로 구성하는 경우와 풋옵션을 가지고 구성하는 두 가지 방법이 있는데, 이 두 가지는 일반적으로 큰 차이가 없다. 그러나 신용위험의 관점에서는 큰 차이를 보이는바, 이는 다음의 차이에서 드러난다. 이를 좀더 자세히 살펴보자. 시장 가격이 상승 시 이익을 보는 불스프레드(bull spread)를 구성하는 방법에는 다음의 두 가지가 있다.

❶ 프리미엄이 비싼 행사 가격 100짜리 콜옵션(프리미엄=C100)을 매수하는 동시에 프리미엄이 싼 행사 가격 105짜리 콜옵션(프리미엄=C105)을 매도

❷ 프리미엄이 싼 행사 가격 100짜리 풋옵션(프리미엄=P100)을 매수하는 동시에 프리미엄이 비싼 행사 가격 105(프리미엄=P105)짜리 풋옵션을 매도

　첫 번째 경우에 투자자는 비싼 옵션을 매수하는 동시에 싼 옵션을 매도하므로 투자 초기에 현금유출이 발생하고, 만기에 가서 시장 가격이 100 이상이 될 경우 최고 5까지의 현금유입이

발생하므로 신용위험 *REE*는,

$$REE = C100 - C105 + 5$$

가 된다.

그러나 두 번째 경우는 입장이 달라지는데, 이는 초기에 비싼 옵션을 팔고 싼 옵션을 매수함으로써 현금유입이 발생하는 데에 기인한다. 즉, 투자 초기에 상대방의 지불액, (P105 - P100)만큼을 받은 후에 만기에 가서 시장 가격이 상승 시 아무런 지급을 하지 않고 (P105 - P100)만큼 이익을 보게 되고, 시장 가격이 하락 시 최고 5까지 현금유출이 생기게 되는 것이 이 포지션이다. 따라서 초기에 먼저 현금유입이 생긴 후 시장이 유리하게 움직이면 수취액을 모두 챙기게 되고, 불리하게 움직일 경우 일정액을 지급하게 되므로 상대방이 중간에 파산하더라도 이에 따른 신용위험은 없게 된다.

결국 신용위험의 관점에서 보면 콜옵션을 이용한 불스프레드보다 풋옵션을 이용한 불스프레드가 더욱 효율적이라고 볼 수 있으며, 같은 논리로 베어스프레드의 경우에는 콜옵션을 이용한 베어스프레드 전략이 초기 현금유입이 발생하도록 함으로써 보다 유리한 것으로 보인다.

section 03 · 비율 수직 스프레드(ratio vertical spread)의 신용위험

예를 들어 설명해 보자. 행사 가격 100짜리 콜옵션을 1계약 매수하는 동시에 105짜리 콜옵션을 두 개 매도할 경우 투자자는 초기에 매수 옵션 프리미엄과 매도 옵션 프리미엄의 차이만큼 현금흐름이 발생한다. 이제 만기에 가서 시장 가격이 105가 될 경우 최대의 이익을 보게되고, 다른 경우에는 손해를 보게 된다. 신용위험은 항상 당사자가 이익을 내고 있을 때에 발생하므로 최대의 신용위험은 (105 - 100) × 매수 옵션계약수로 제한이 된다. 즉, 두 옵션의 행사 가격의 차이에 계약수를 곱한 값이 최대 신용위험이 되는 것이다.

백스프레드(back spread)의 신용위험

예를 들어 설명해 보자. 행사 가격이 100인 콜옵션을 한 개 매도하는 동시에 행사 가격이 105인 콜옵션을 두 개 매수하는 경우 투자자는 초기에 매수 옵션 프리미엄과 매도 옵션 프리미엄의 차이만큼 현금흐름이 발생한 후 만기 시장 가격이 110 이상이 될 경우 이익을 보게 된다. 따라서 시장 가격이 오르면 오를수록 이익을 보게 되므로 신용위험 노출을 계산할 경우 매수 옵션에서 지급받을 수 있는 액수에서 매도 옵션으로 인해 지급할 액수를 차감한 부분이 신용위험의 크기가 된다. 즉,

$$REE = N_{long} \times [RF_c S_t + (S_t - K_{long})] - N_{short} \times [RF_c S_t + (S_t - K_{short})]$$

스트래들(straddle)의 신용위험

예를 들어 설명해 보자. 현재 시장 가격이 1,600인 상태에서 행사 가격이 1,600인 ATM 콜옵션과 풋옵션으로 10,000계약의 스트래들 포지션의 구성 시 옵션 프리미엄이 150만 달러라면,

$$REE = 150만 + Max[0, 0.22 \times 1,600 + (1,600 - 1,600), 0.22 \times 1,600 + (1,600 - 1,600)]$$
$$= 150만 + Max(352만, 352만) = 502만$$

이 된다. 즉, REE는 콜옵션에서의 얻을 수 있는 이익과 풋옵션에서 얻을 수 있는 이익의 합이 되므로

$$REE = Max[0, RF_c S_t + (S_t - K), RF_c S_t + (K - S_t)]$$

가 성립한다.

나비스프레드(butterfly spread)의 신용위험

나비스프레드는 세 가지 옵션을 가지고 구성이 되는데, 예를 들어 행사 가격 100짜리 콜옵션 1개 매수, 행사 가격 110짜리 콜옵션 1개 매수, 행사 가격 105짜리 콜옵션 2개 매도를 이용하여 스프레드를 구성 시 초기에 약간의 현금유출이 발생한 후 만기에 시장 가격이 105인 경우 최대 5만큼의 현금유입이 발생하게 된다. 따라서 신용위험 노출도는 지급 프리미엄＋5가 된다.

※ 다음의 자료를 보고 문제에 답하시오(01~06).

> 이항 모형에서 만일 0시점의 주가가 100이고 1시점의 주가가 110 혹은 90이 될 경우 콜옵션 프리미엄을 구해 보자. (단, 편의상 이자율=0%라고 가정)

01 행사 가격이 100인 콜옵션의 1시점 수익구조는?

① 주가가 110일 경우 10 / 주가가 90일 경우 0

② 주가가 110일 경우 0 / 주가가 90일 경우 10

③ 주가가 110일 경우 10 / 주가가 90일 경우 −10

④ 주가가 110일 경우 −10 / 주가가 90일 경우 10

02 0시점에서 콜옵션을 한 계약 매도하는 동시에 기초자산을 a개 구입하는 전략을 무엇이라 하는가?

① 커버된 콜전략   ② 포트폴리오 보험전략

③ 동적 자산배분 전략   ④ 동적 헤지전략

03 커버된 콜전략에 따라 투자할 경우 1시점에서 어떤 수익구조가 발생하는가?

① 주가가 110이 될 경우 110a−10 / 주가가 90이 될 경우: 90a

② 주가가 110이 될 경우 100a−10 / 주가가 90이 될 경우: 90a−10

③ 주가가 110이 될 경우 110a−20 / 주가가 90이 될 경우: 90a

④ 주가가 110이 될 경우 100a−10 / 주가가 90이 될 경우: 90a−10

해설

01 ① 110일 경우 $Max(0, 110-100)=10$, 90일 경우 $Max(0, 90-100)=0$

02 ① covered call writing

03 ① 주식을 100의 가격에 a개 사고 콜옵션을 한 계약 매도시 초기 지출은 100a−c가 되고 이 전략을 취한 후 만기가 되어서 주가가 110으로 상승 시 주식 a개는 110a의 가치가 되지만 옵션이 in-the-money가 되어서 당첨금을 10만큼 지급해야 하고 주가가 90으로 하락하면 보유주식의 가치는 90a가 되지만 당첨금은 0이 되어 따로 당첨금을 지급하지는 않는다. 따라서 110a−10 혹은 90a가 된다.

04 03번 문제에서의 수익구조가 상황에 관계없이 동일해지는 것이 가능하다면 어느 경우인가?

① a=0.25가 될 경우　　　　　　　② a=0.5일 경우

③ a=0.75일 경우　　　　　　　　④ a=1.0일 경우

05 문제 03의 전략이 무위험전략일 경우 얼마의 수익이 보장되는가?

① 40　　　　　② 45　　　　　③ 50　　　　　④ 55

06 이 경우 옵션 가치를 구하면?

① 3　　　　　② 4　　　　　③ 5　　　　　④ 6

07 콜옵션을 기초자산으로 하는 콜옵션은 다음 중 어디에 해당하는가?

① Asian option　　　　　　　② chooser option

③ compound option　　　　　④ ratchet option

08 다음 중 일정기간 동안 환율의 평균치를 기초자산으로 하여 수익구조를 결정하는 옵션은?

① Asian option　　　　　　　② chooser option

③ compound option　　　　　④ ratchet option

09 다음 중 일정기간 동안 환율의 최대값을 기준으로 하여 수익구조를 결정하는 옵션은?

① Asian option　　　　　　　② chooser option

③ shout option　　　　　　　④ look-back option

해설

04 ② $110a-10=90a$가 되려면 $a=0.5$가 되어야 함

05 ② $110a-10$에 $a=0.5$를 대입하면 45가 됨

06 ③ 이자율이 0이므로 $(50-c)(1+r)=45$에 $r=0$을 대입시 $50-c=45 \rightarrow c=5$가 됨

07 ③ 복합 옵션의 정의(call on call)

08 ① 평균 가격 옵션=아시안 옵션

09 ④ historical max 혹은 min을 토대로 한 옵션은 look-back option

10 다음 중 down-and-out 콜옵션에 해당하는 것은?

① 기초자산 가격이 일정기간 내에 100 이하로 하락 시 옵션이 무효화된다.

② 기초자산 가격이 일정기간 내에 100 이하로 하락 시 옵션이 유효화된다.

③ 기초자산 가격이 일정기간 내에 100 이상으로 상승 시 옵션이 무효화된다.

④ 기초자산 가격이 일정기간 내에 100 이상으로 상승 시 옵션이 유효화된다.

11 다음 중 만기일 이전의 일정 시점에서 풋옵션인지 콜옵션인지 여부를 결정할 수 있는 옵션은?

① shout option

② digital option

③ chooser option

④ look-back option

12 다음 중 행사 가격보다 상승 시 미리 정한 금액만을 지급하는 옵션은?

① 콜디지털 옵션

② 풋디지털 옵션

③ 콜샤우트 옵션

④ 풋샤우트 옵션

13 다음 중 발생 여부가 불확실한 외화표시 수익이 발생할 경우 미리 정한 환율을 적용하여 원화금액으로 결제하는 옵션은?

① 퀀토 옵션

② 복합 옵션

③ 샤우트 옵션

④ 룩백 옵션

14 다음 중 미리 정한 몇 개의 시점에서만 행사가 가능한 옵션은?

① ratchet option

② European option

③ American option

④ Bermudan option

해설

10　① barrier를 100에 책정하고 100 이하로 갈 경우 옵션이 무효화되는 것임

11　③ 선택 옵션의 정의

12　① 순수 복권형 옵션＝디지털 옵션

13　① 예를 들어 IBM주식이 100달러 이상 오를 경우 오른 만큼 이익보는 IBM 콜옵션이 in-the-money로 끝날 경우 몇 달러의 이익이 발생할지 모르지만 이 수익이 발생하면 1달러당 1,200원으로 결제해 주는 옵션은 퀀토옵션이다.

14　④ 미국식 옵션과 유럽식 옵션의 중간 형태

15 다음 중 만기 이전에 투자자가 시점을 선택하되 그 시점의 기초자산 가격까지 결제를 하는 동시에 해당 기초자산 가격으로 행사 가격을 바꾸게 되는 옵션은?

① 룩백옵션　　　　　　　　　② 샤우트옵션
③ ratchet option　　　　　　　④ digital option

16 다음 중 기초자산 가격에 대해 미리 몇몇 수준을 정해 놓고 일정기간 동안 정해 놓은 수준 중 최고로 도달해 본 수준 혹은 최저로 도달해 본 수준에 의해 만기수익구조를 정하는 옵션은?

① ladder option　　　　　　　② shout option
③ ratchet option　　　　　　　④ compound option

※ 다음 자료를 보고 물음에 답하라(17~20).

	call option	put option
행사 가격 100	3.5	0.5
행사 가격 105	1.0	3.0

17 다음 중 콜-불 스프레드는?

① 100콜 1계약 매입/105콜 1계약 매도
② 100콜 1계약 매도/105콜 1계약 매수
③ 100콜 1계약 매입/105콜 2계약 매도
④ 100콜 1계약 매도/105콜 2계약 매수

해설

15 ② 시점선택 가능 옵션 = 샤우트 옵션
16 ① 미리 정한 수준에 따른 옵션 → 래더 옵션
17 ① 100매수/105매도

18 다음 중 풋-불 스프레드는?

① 100풋 1계약 매입/105풋 1계약 매도

② 100풋 1계약 매도/105풋 1계약 매수

③ 100풋 1계약 매입/105풋 2계약 매도

④ 100풋 1계약 매도/105풋 2계약 매수

19 풋-불 스프레드 구축 시 초기에 순지출이 발생하는가, 순수입이 발생하는가? 신용위험이 있는가, 없는가?

① 초기 순수입/신용위험 있음

② 초기 순지출/신용위험 없음

③ 초기 순수입/신용위험 없음

④ 초기 순지출/신용위험 있음

20 콜-불 스프레드 구축 시 초기에 순지출과 순수입 중 어느 것이 발생하며, 신용위험이 있는가, 없는가?

① 순수입/신용위험 있음   ② 순지출/신용위험 없음

③ 순수입/신용위험 없음   ④ 순지출/신용위험 있음

해설

18 ① 100매수/105매도

19 ③ 100매수/105매도이므로 3.0−0.5＝2.5의 초기 수입이 발생. 나중에 만기에 가서 최대 5까지의 지출이 발생 가능하나 상대방이 망하더라도 돈을 못 받을 일은 없으므로 신용위험은 없다.

20 ④ 100매수/105매도이므로 3.5−1.0＝2.5의 초기지출이 발생. 나중에 만기에 가서 최대 5까지의 수입이 발생 가능하다. 따라서 상대방이 망할 경우 돈을 못 받게 되므로 신용위험이 있다.

※ 다음의 자료를 보고 문제에 답하시오(21~29).

> ㉠ 행사 가격이 100인 콜옵션(C100)   : 프리미엄 5point
> ㉡ 행사 가격이 102.5인 콜옵션(C102.5) : 프리미엄 2point
> ㉢ 행사 가격이 105인 콜옵션(C105)   : 프리미엄 0.5point

21 C100을 한 계약 매도하는 동시에 C105를 한 계약 매수한 투자자의 최대 신용위험은?

22 C100을 한 계약 매수하는 동시에 C102.5를 한 계약 매도한 투자자의 최대 시장위험은?

23 C100 한 계약 매수, C102.5 두 계약 매도, C105 한 계약 매수 포지션을 잡을 경우 최대 순이익 규모는?

24 C100 한 계약 매수, C102.5 두 계약 매도, C105 한 계약 매수 포지션을 잡을 경우 최대 손실규모는?

25 위 23~24번 문제의 경우 최대 신용위험의 크기는?

26 C100 한 계약 매도, C102.5 두 계약 매수, C105 한 계약 매도 포지션을 잡을 경우 최대 신용위험의 크기는?

정답

21 0(초기에 프리미엄 차액을 받기만 하고 나중에 줄 돈만 있으므로 상대방이 부도가 나도 아무 상관이 없음)

22 3point(시장이 하락할 경우 3point까지만 손실을 본다)

23 1point(초기 순투자=1.5, 만기 최대 이익=2.5 따라서 최대 순이익=1point)

24 초기 순투자 1.5point

25 4point(초기 순투자가 1.5이고 최대 이익이 2.5이므로 만기 자산 가격 기준 102.50지점에서 상대방이 부도나는 경우)

26 0(초기에 돈을 받기만 하고 나중에 줄 돈만 있으므로 신용위험 없음)

27 C100을 한 계약 매수하는 동시에 C102.5를 두 계약 매도할 경우 이를 무슨 스프레드라 하는가?

28 26번 문제의 경우 최대 순이익은?

29 C100을 한 계약 매도하는 동시에 C102.5를 두 계약 매수할 경우 무슨 스프레드라 하는가?

※ 다음의 환율 변동 자료를 보고 문제에 답하시오(30~39).

1일	100
2일	105
3일	110
4일	105
5일	100
6일	105
7일	100
8일	107

30 거래일 8일간의 평균은?

31 8일째가 만기일이고 평균을 계산하는 대상기간이 8일이라면 행사 가격이 100인 평균 자산 가격 콜옵션(average rate call option)의 경우 만기수익은?

32 평균 행사 가격 콜옵션(average strike call option)의 경우에는 수익구조가 어떻게 되는가?

33 래더 콜옵션의 래더의 수준이 103, 106, 109로 설정되어 있었다면 이 옵션의 만기수익은?

34 행사 가격이 100인 샤우트 콜옵션을 보유한 투자자가 4일째에 샤우트를 하였다면 그의 수익구조는?

35 34번 문제에서 그는 환율이 언제일 때 shout를 하면 최적이었는가?

36 행사 가격이 100인 래칫 콜옵션의 행사 시점이 3일째와 6일째로 설정되어 있었다면 이 옵션의 수익구조는?

37 배리어 가격이 108에 설정되어 있는 up-and-out call with rebate 5인 옵션의 수익구조는?

정답

32 3(수익이 $S_T - \bar{S}$이므로 만기수익은 $107 - 104 = 3$)

33 $4(S_T - \text{Min}(L_1, L_2, L_3) = 107 - \text{Min}(103, 106, 109)$이므로 $107 - 103 = 4)$

34 7(4일째에 shout를 할 경우 그는 $105 - 100 = 5$를 확보하는 동시에 그의 옵션의 행사 가격이 100에서 105로 바뀌게 된다. 따라서 만기일에 107로 끝나게 될 경우 그는 2를 더 받아서 7을 받게 된다.)

35 110(3일째)(그가 110에서 shout를 하였다면 그는 110까지 10을 확보하는 동시에 그의 옵션은 110으로 행사 가격이 바뀐다. 기초자산 가격이 107로 끝났으므로 두 번째 단계에서 그의 수익은 0이 되지만 그의 총수익은 10이 되어 일반 옵션의 경우보다 더 나아지게 됨을 볼 수 있다.)

36 12(3일째에 110이 되면 이 옵션의 보유자는 10을 받는 동시에 보유 옵션의 행사 가격이 110으로 바뀐다. 6일째에 105가 되면 이 옵션은 수익은 없는 대신 행사 가격만 105로 바뀐다. 결국 만기일에 107로 끝나면서 다시 2만큼을 받게 되므로 총수익은 $10 + 2 = 12$가 된다.)

37 5(이 옵션은 옵션의 만기일 이전에 가격이 108을 넘을 경우 옵션이 사라지되 위로금을 5만큼 주는 옵션이다. 위에서 보는 대로 만기일 이전에 110에까지 가격이 올랐으므로 이 옵션은 중간에 소멸되어 버렸다. 하지만 위로금이 5만큼 지급되었으므로 총수익은 5이다.)

38 배리어 가격이 98에 설정되어 있는 행사 가격 100짜리 down-and-out call 옵션의 수익구조는?

39 행사 가격이 105이고 수익구조가 10인 디지털 콜옵션의 수익구조는?

재무위험관리사 II

금융투자전문인력 표준교재
재무위험관리사 2

2025년판 발행   2025년 2월 15일

편저   금융투자교육원
발행처   한국금융투자협회
          서울시 영등포구 의사당대로 143   전화(02)2003-9000 FAX(02)780-3483
발행인   서유석
제작 및 총판대행 ㈜ **박영사**
          서울특별시 금천구 가산디지털2로 53, 210호(가산동, 한라시그마밸리)   전화(02)733-6771 FAX(02)736-4818
등록   1959. 3. 11. 제300-1959-1호(倫)
홈페이지 한국금융투자협회 자격시험접수센터(https://license.kofia.or.kr)

정가 8,000원

ISBN 978-89-6050-781-4   14320
        978-89-6050-779-1(세트)